A CONQUISTA DAS
Virtudes

Francisco Faus

A CONQUISTA DAS
Virtudes

[cultor de LIVROS]

São Paulo, 2021

Copyright© 2014 do Autor

Capa
Douglas Catisti

Diagramação
Elisa H. Storarri

Dados Internacionais de Catalogação na Publicação (CIP)

Faus, Francisco
  A conquista das virtudes / Francisco Faus.
São Paulo: Cultor de Livros, 2021
  ISBN: 978-85-62219-51-1
  1. Virtudes — aspectos práticos e éticos 2. Vida cristã — Aspectos religiosos 3. Cristianismo 4. Virtudes humanas e teologais I. Francisco Faus II. Título

CDD-241

Índice para catálogo sistemático:
1. Virtudes : Cristianismo 241

Cultor de Livros - Editora
Av. Prof. Alfonso Bovero, 257 - Sumaré
CEP 01254-000 - São Paulo/SP
Tel. (11) 3873-5266
www.cultordelivros.com.br

Sumário

Primeira Parte
O VALOR DAS VIRTUDES

1. VIRTUDES E REALIZAÇÃO 13
   Responsáveis pela nossa vida 13
   Um breve exame sobre o ouro e a palha 16

2. VIRTUDES OU MIRAGENS 19
   Aparências de virtude 19
   Tipos de miragens 20
   1) As "virtudes" vaidosas 20
   2) Os hábitos rotineiros 21
   3) As inclinações temperamentais 22
   4) As virtudes-fogueira 23

3. VIRTUDES HUMANAS 25
   Boas estruturas 25
   Características das virtudes humanas 26
   As virtudes são hábitos estáveis 26
   As virtudes regulam os nossos atos 27
   As virtudes propiciam domínio e alegria 28

4. AS VIRTUDES QUE NOS FALTAM 31
   Que "material" nos falta? 31
   ... nem conformados 32

5. LIMITAÇÕES E VIRTUDES 37
   A aceitação 37
   Superar o que for "possível" superar 38
   Ter fé nas "pequenas possibilidades" 39

6. Máscaras de virtudes 43
   As nossas máscaras 43

7. Uma virose: o orgulho 49
   "Inimigos domésticos" 49
   "Odioso diante de Deus" 50
   "Odioso diante dos homens" 51
   A humildade, fundamento das virtudes 53

8. Outra virose: o hedonismo 55
   A bússola do coração 55
   Realização e cruz 56
   O hedonismo paralisa o amor de Deus 57
   O hedonismo paralisa o amor ao próximo 58
   O hedonismo paralisa o amor a nós mesmos 59

9. A alma das virtudes humanas 61
   A última parábola de Cristo 61
   A graça e as virtudes humanas 62
   Virtudes pagãs e virtudes cristãs 63

10. Mais sobre a alma das virtudes 67
    Riquezas da seiva divina 67
    As virtudes teologais 68
    Influxo das virtudes teologais sobre as morais 69
    Uma janela sobre a fé 69
    Uma janela sobre a esperança 70
    Uma janela sobre a caridade 71

Segunda Parte
A AQUISIÇÃO DAS VIRTUDES

11. Formação 75
    Não nascemos com virtudes morais 75
    O descuido da educação 76
    Dois contrastes 77

Formação: um dever importante 78
Dever de pais e educadores 79

12. FORMAÇÃO: CONHECER E AMAR 81
As virtudes entram pelos olhos 81
As virtudes "descem" dos olhos ao coração 84

13. VONTADE: ATOS DELIBERADOS 87
Atos deliberados 87
Atos não deliberados 87
"Deliberações" decisivas 88
Temos "boa vontade" ou "vontade boa"? 89
Alguns meios para conseguir "deliberações decisivas" 90

14. LUTA: CONCRETIZAR 93
Resoluções e concretizações 93
Três exemplos 93
Quatro pontos básicos 94

15. LUTA: PERSEVERANÇA 99
O poste e a árvore 99
Perseverança 100

16. FRUTOS DA PERSEVERANÇA 105
Abre os olhos 105
Dilata o coração 106
Abre as portas ao Espírito Santo 107

Terceira Parte
BREVES REFLEXÕES SOBRE VIRTUDES HUMANAS

17. A VIRTUDE DA PRUDÊNCIA 111
1. A sabedoria da vida 111
2. Três passos 112
Questionário sobre a prudência 114

18. Prudência e consciência 117
   1. A consciência: juiz interior 117
   2. Parâmetros da "boa" consciência 118
   4. A ignorância e a dúvida 121
   Questionário sobre a consciência 121

19. A virtude da ordem 123
   1. Relação entre a prudência e a ordem 123
   2. A ordem dos valores 124
   3. A ordem dos deveres 124
   4. A ordem no tempo 125
   5. A ordem material 127

20. Justiça nos pensamentos 129
   1. Respeito pela dignidade 129
   2. Evitar os juízos temerários 131
   3. Seguir o caminho indicado por Cristo 132
   Questionário sobre os juízos temerários 133

21. Justiça nas palavras 135
   1. Maledicência 135
   2. Primeira injustiça contra a honra: a difamação 136
   3. Segunda injustiça: a calúnia 137
   4. Deveres de justiça 138
   Questionário sobre as palavras injustas 139

22. Justiça e verdade 141
   1. A veracidade 141
   2. Dizer a verdade 142
   3. Dizer a verdade com caridade 143
   Questionário sobre a mentira 144

23. Direito e dever de calar 147
   1. Um dever de justiça 147
   2. O dever do silêncio 148
   3. Quando se pode revelar um segredo? 149
   Questionário sobre discrição e justiça 150

24. A FORTALEZA 153
　1. As duas faces da fortaleza 153
　2. Breve elenco de "fraquezas" 154
　　Questionário sobre fraqueza e fortaleza 156

25. PARA ADQUIRIR FORTALEZA 157
　1. A força do Ideal 157
　2. A segurança da fé 158
　3. A têmpera do sacrifício 159
　　Questionário sobre a aquisição da fortaleza 160

26. A MAGNANIMIDADE 163
　1. Um traço da fortaleza 163
　2. Aspectos da magnanimidade 163
　　Questionário sobre a magnanimidade 165

27. A PACIÊNCIA 167
　1. A arte de sofrer 167
　2. A sabedoria prática do amor 168
　　Questionário sobre a paciência 170

28. A CONSTÂNCIA 173
　1. A vitória sobre os obstáculos 173
　3. Um símbolo visível 176
　　Questionário sobre a constância 177

29. A MODERAÇÃO 179
　1. Uma qualidade de todas as virtudes 179
　2. O ponto errado 179
　3. Os cumes absolutos 180
　4. Os cumes relativos 181
　5. O bom "moderador" 182
　　Questionário sobre a moderação 182

30. A TEMPERANÇA 185
　1. A virtude cardeal da temperança 185
　2. Moderar não é anular 186

3. A ordem e a desordem no prazer 186
4. Temperança é grandeza humana 188
Questionário sobre a temperança 189

31. A MANSIDÃO 191
1. Uma paixão que precisa de autodomínio 191
2. Existem iras com razão? 192
4. Como combater a ira ruim? 193
Questionário sobre a mansidão 195

32. O VALOR DA CASTIDADE 197
1. Uma dimensão importante da temperança 197
2. Chamados ao verdadeiro amor 198
3. O amor autêntico pede o dom de si 199
4. Como as asas das águias 200
Questionário sobre o valor da castidade 201

33. "CONSERVA-TE PURO" 203
1. A força da oração 203
4. A devoção a Maria 206
Questionário sobre a luta pela castidade 207

Primeira Parte
O VALOR DAS VIRTUDES

Tudo o que é verdadeiro, tudo o que é nobre, tudo o que é justo, tudo o que é puro, tudo o que é amável, tudo o que é de boa fama, tudo o que é virtuoso e louvável, eis o que deve ocupar os vossos pensamentos (Fl 4,8).

Primeira Parte
O VALOR DAS VIRTUDES

1. Virtudes e Realização

Responsáveis pela nossa vida

Quando lemos atentamente o Evangelho, percebemos que uma das verdades que Cristo nos lembra, de diversas maneiras, é que nós somos responsáveis pela realização da nossa vida. Certamente, a "vida cristã" depende essencialmente da graça de Deus. A própria vida humana, o fato de existirmos, já é um grande dom de Deus. E, muito mais ainda, o é a graça do Espírito Santo, que inicia, inspira, fortalece e orienta toda a realização sobrenatural do cristão (guiando-o até a meta, que é a santidade: cf. Rm 8,14-17).

Mas lembre-se de que o dom da graça divina não é dado a uma pedra nem a uma planta, mas a seres humanos, inteligentes e livres, que pensam e decidem, que podem dizer "sim" e dizer "não". Precisamos, por isso, de corresponder livremente, voluntariamente, aos dons recebidos. Depende de nós fazê-los frutificar ou desperdiçá-los.

Para ilustrar a importância dessa correspondência, Cristo — em sua pedagogia divina — recorre a diversas imagens, para que todos o possamos entender.

Várias vezes, por exemplo, compara o nosso desenvolvimento cristão ao das sementes de trigo, que são um "dom" que o semeador lança à terra. Podem crescer, secar, deixar-se levar pelos pássaros ou ser sufocadas pelo mato...; ou podem germinar e ir se desenvolvendo até dar o fruto pleno. Depende de nós sermos terra limpa, acolhedora e fecunda (cf. Mt 13,4 ss).

"Nós somos o edifício de Deus"

Outra comparação, que tanto Jesus como São Paulo utilizam — e sobre a qual vamos nos deter agora —, é a da construção de um edifício. A vida cristã deve ser edificada como uma casa. Nessa empreitada, poderíamos fracassar por três motivos: Por ter um alicerce inconsistente, que não suporta o peso do edifício.

Por ter um mau projeto de execução, que deixa a obra parada pela metade.

Por ter um alicerce bom e um projeto excelente, mas pretender executá-lo com material ruim.

a) A falha do alicerce

A falha do alicerce é mencionada por Cristo no final do Discurso da Montanha: *Aquele que ouve as minhas palavras e as põe em prática é semelhante a um homem prudente, que edificou a sua casa sobre rocha* (Mt 7,24). Houve enchentes, chuvas torrenciais e vendavais, mas a casa não desabou, porque o alicerce era firme. Pelo contrário, aquele que escuta as palavras de Cristo e não as pratica constrói sobre areia: as tempestades derrubaram a casa, *e grande foi a sua ruína* (Mt 7,27).

b) A falha do projeto

Da segunda falha, a do mau projeto de execução, falou Jesus a uma multidão que o seguia. Se não me engano, foi a única vez em que Cristo se referiu a um homem ridículo, que provoca risada nos outros. Vamos ouvi-lo: *Quem, dentre vós, querendo construir uma torre, não se senta primeiro a calcular a despesa, para ver se tem com que acabá-la? Não aconteça que, depois de assentar os alicerces, não a podendo acabar, todos os que viram comecem a zombar dele dizendo: "Este homem principiou a edifi-*

1. Virtudes e Realização

car mas não pôde terminar" (Lc 14,28-30). Quantas vidas ficam a meia construção!

c) A falha do material

A terceira falha, a dos materiais ruins, é descrita por São Paulo. Vamos vê-la com mais calma, pois pode esclarecer-nos o papel das virtudes na realização cristã.

São Paulo recolhe em parte as comparações anteriores do Senhor, quando diz: *Nós somos edifício de Deus... Quanto ao fundamento, ninguém pode pôr outro diverso daquele que já foi posto: Jesus Cristo.* Fica claro com isso que a nossa vida tem que ser edificada com o auxílio de Deus ("edifício de Deus"); e fica claro também que só a edificaremos bem se o alicerce for a fé em Cristo, a rocha da palavra e da graça de Cristo.

Mas a comparação de São Paulo vai além: *Veja cada um, porém, como edifica... Se alguém edifica sobre este fundamento com ouro, ou com prata, ou com pedras preciosas, com madeira, ou com feno, ou com palha, a obra de cada um ficará patente, pois o dia do Senhor* [o dia do Juízo] *a fará conhecer. Pelo fogo será revelada, e o fogo provará o que vale o trabalho de cada um. Se a construção resistir, o construtor receberá a recompensa; se pegar fogo, arcará com os danos* (1Cor 3,9-15). Aqui menciona, simbolicamente, os materiais de construção: uns podem ser de grande qualidade; outros, frágeis e perecíveis.

Você que acha dessas palavras de São Paulo? Talvez seja preciso esclarecer previamente duas coisas:

— *Primeira*, que, se bem as virtudes são um importante "material de construção", não o são só elas; também são importantíssimo "material" as orações, os sacramentos, os sacrifícios e as obras de caridade, etc. Mas não há a mínima dúvida de que as virtudes são um "material" imprescindível. A prova disso é que, quando a Igreja inicia um processo de canonização, a primeira coisa que estuda é a qualidade das virtudes do possível santo a ser canonizado.

— *Segunda*, que o "dia" de que fala São Paulo é — como já apontávamos — o Dia do Juízo em que, sob o olhar de Deus, tudo ficará claro: o que é ouro, prata e pedras preciosas; e o que é apenas madeira, feno ou palha... Ao mesmo tempo, o Apóstolo faz uma alusão ao "fogo" purificador do Purgatório. Mas agora não iremos tratar disso. Estamos centrando a atenção nesse valioso "material" que são as virtudes.

Ao longo dos capítulos seguintes, não faltará uma breve consideração sobre as virtudes *teologais* (fé, esperança e caridade). No entanto, o *foco* do livro ficará concentrado nas virtudes cardeais ou virtudes humanas (prudência, justiça, fortaleza e temperança), e vamos deter-nos especialmente no que é preciso para *adquirir* e *cultivar* essas virtudes.

Um breve exame sobre o ouro e a palha

Muito embora estejamos ainda na fase "preliminar" das nossas reflexões, penso que pode ajudar-nos — para "aquecer o motor" — começar fazendo um pequeno exame prático sobre o que é *ouro* e o que é *palha* nas nossas virtudes. Vejamos. Como é que responderíamos às seguintes perguntas?

Como anda a nossa *fortaleza*? Você acha que enfrenta os deveres e as dificuldades com o ouro da coragem? Ou fica com a palha da queixa e da reclamação? Sofre-as com a elegância do topázio e com a firmeza do diamante, ou, quando aparece a dor ou os problemas, a sua alma se racha como uma madeira carcomida? Você tem a prata de lei da paciência, ou o feno combustível da irritação e o desânimo perante as contrariedades?

A quantas anda a sua *temperança*? É o ouro da moderação no comer e no beber, da capacidade de dizer não à gula, à tirania da imaginação, da sensualidade, dos estados de humor, da verborreia... Ou então é a palha do excesso na comida e da bebida, da obsessão mórbida pelo sexo, da preguiça e o desleixo no tra-

1. Virtudes e Realização

balho, das distrações constantes unidas a perdas de tempo, da moleza para acordar na hora certa, da autocompaixão...

E que dizer da nossa *prudência*? Quem é rico desse ouro? Sem dúvida, a pessoa responsável e previdente, que prepara com tempo os trabalhos, os deveres e a distribuição do tempo; que pensa, pondera, reza e pede conselho antes de tomar uma decisão importante; que age na hora certa; que emprega os meios para formar retamente a sua consciência sobre o certo e o errado... Pelo contrário, só tem feno e palha a pessoa que funciona sem reflexão, por impulso ou palpite; que vai, sem pensar, atrás do que "os outros" fazem; que se acha espontânea só quando satisfaz seus caprichos; que é escrava do que "todo o mundo" diz e faz, assumindo certas ideias e atitudes só porque acha que são "atuais", sem avaliar se são "verdadeiras" e justas...

Por último, será que, no dia do Juízo, Cristo vai dizer que você viveu a *justiça*? Não acha que talvez lhe diga que acumulou muita palha combustível: maus juízos sobre os outros; difamações e calúnias; competitividade desleal no trabalho; prejuízos causados por irresponsabilidade no cumprimento do dever, por faltar à palavra dada, por enganar nas transações, por não colaborar em nada para que cessem as injustiças sociais... Pensando no outro, convido-o desde já a ser mais justo para com Deus (honrá-lo, agradecer-lhe, obedecer-lhe, seguir os seus Mandamentos...); a ser exemplar e generoso no cumprimento dos deveres familiares, profissionais e sociais; a tratar com igualdade todas as pessoas, sem admitir discriminações; a não se deixar arrastar por preconceitos de qualquer tipo ou por preferências injustas... Só isso, por ora, pois a cada uma dessas virtudes cardeais dedicaremos depois vários capítulos.

Como vê, há muito "material de construção" a "adquirir" e muito a "descartar". Não permita que o dia do Juízo o encontre como aquele pobre homem que provocava o riso dos outros: *Este homem principiou a edificar mas não pôde terminar* (Lc 14,30).

2. Virtudes ou Miragens

Aparências de virtude

Antes de falarmos do que é a virtude, vamos falar um pouco do que "não é".

A definição mais simples — embora perigosa — de virtude é "hábito bom", ou seja, uma qualidade que a pessoa tem e que se manifesta em certas atitudes e reações habituais, em determinadas condutas contínuas. Há, por exemplo, pessoas que têm uma amabilidade habitual, outras que geralmente estão de bom humor, outras que sempre cumprem os horários, outras que não descuidam a ordem material, outras que nunca irritam os demais...

Todas essas coisas, você acha que são virtudes? Podem ser, todas elas, mas nem sempre. Mais ainda, como veremos a seguir, podem ser pseudovirtudes que enganam, como as miragens no deserto, que aparecem à imaginação dos que morrem de sede como se fossem lagos azuis.

Há vários critérios, muitos deles dados por Cristo, para desmascarar as falsas virtudes. Veremos a seguir alguns deles. Mas acho bom preveni-lo: com isso, não queremos convidar ninguém a pensar nos defeitos dos outros! Basta que identifiquemos os nossos.

Para melhor desmascarar as miragens, façamos uma classificação.

Tipos de miragens

1) As *"virtudes" vaidosas*

Nosso Senhor fala explicitamente delas. Já no início da sua pregação, no Sermão da Montanha, nos alerta: *Guardai-vos de fazer as vossas boas obras diante dos homens, para serdes vistos por eles. Do contrário, não tereis recompensa junto de vosso Pai que está no céu* (cf. Mt 6,1). Quer dizer que, aos olhos de Deus, não têm valor as virtudes contaminadas pela vaidade.
Para serdes vistos! Esse *para* diz tudo: fala das virtudes praticadas com uma *finalidade vaidosa*, que pode ser dupla.

a) Virtudes-vitrine

Vividas com fins de exibição, procurando glorificar a nossa imagem diante dos outros, indo atrás do aplauso, da publicidade, do louvor, ou da badalação para obter vantagens. Jesus corta pela raiz essa hipocrisia.

Lembre-se que, no Sermão da Montanha, Ele nos manda praticar a esmola sem *tocar a trombeta,* sem que a mão esquerda saiba o que faz a direita, *e assim teu Pai que vê o escondido, te recompensará.*

Igualmente, não quer que oremos — que façamos as nossas práticas religiosas — *para* sermos vistos pelos homens, visando criar uma boa imagem espiritual, que os outros admirem, e talvez aproveitar-nos dela. Quantos rapazes e moças não fizeram isso para arranjar na igreja namoradas(os) bonzinhos.

Por fim, recomenda fazer sacrifícios sem "ar de vítima", sem dar-nos importância nem cobrar o agradecimento dos demais: *Quando jejuares, perfuma a tua cabeça e lava o teu rosto; assim, não parecerá aos homens que jejuas* (cf. Mt 6,2 ss). Virtude vaidosa não é virtude.

2. Virtudes ou Miragens

b) Virtudes-espelho

A vaidade funciona também como um espelho onde nos contemplamos, no íntimo de nós, com admiração e orgulho. Como fazia aquele de quem falava São Josemaria, que dedicou um livro a si mesmo, escrevendo: "A mim mesmo, com a admiração que me devo" (*Sulco*, n. 719). Ao envaidecer-nos com as nossas qualidades, estragamos o bem que possa haver nelas.

Por causa disso, Jesus reprovou o fariseu que subiu ao Templo intimamente ufano com as suas "virtudes": *Graças te dou, ó Deus, porque não sou como os demais homens: ladrões, injustos e adúlteros; nem como este publicano que está ali. Jejuo duas vezes na semana e pago o dízimo de todos os meus lucros* (cf. Lc 18,9-14). O publicano, tão desprezado, só agradecia a bondade de Deus e pedia perdão. *Este voltou para casa justificado, e não o outro* (Lc 18,9-14).

E nós? Que me diz de nós quando repetimos "eu não tenho pecado", "não faço mal a ninguém", "não preciso me confessar"? Não há uma certa semelhança com o fariseu?

2) Os hábitos rotineiros

Existem pessoas muito cumpridoras, tanto do dever profissional, como do atendimento das necessidades familiares e dos deveres religiosos. Não são irresponsáveis, não têm falhas graves. Mas fazem as coisas com uma rotina morna, como que forçados, sem alma. Nunca se renovam! Não se nota que estejam lutando por melhorar; estão sempre na mesma ou, melhor, estão "mofando" na mesma. Seu "cumprir" é um "cumpri-mentir", para dizê-lo remedando um pensamento de Álvaro del Portillo.

Jesus se refere a eles quando cita estas palavras do Profeta Isaías: *Este povo somente me honra com os lábios, mas o seu coração está longe de mim* (Mt 15,7; Is 29,13). E também quando censura os mornos: *Não és nem frio nem quente... Tenho contra ti que arrefeceste o teu primeiro amor* (Ap 3,15; 2,4).

Não há virtude "viva" na pessoa rotineira, que não tem amor criativo nem renovação de atitudes.

3) As inclinações temperamentais

Há outros que parecem ter virtudes excelentes, mas que não são virtudes, são apenas bons sentimentos ou inclinações temperamentais. Fazem coisas boas porque lhes "saem" sem esforço, porque correspondem ao seu "natural", porque lhes são agradáveis e até os divertem. Quantas fachadas simpáticas têm essas características!

Mas, nestes casos, por trás da fachada veem-se dois sinais típicos da falsa virtude:

— O primeiro sinal e que não fazem nada por adquirir "outras" virtudes não sentimentais nem fáceis, e que são muito mais importantes. Pense no homem amável e sociável, pronto para ir visitar um amigo e ajudá-lo a passar um bom momento, mas que é preguiçoso, que trabalha mal e não cumpre os compromissos incômodos ou exigentes nem sequer com os amigos.

— O segundo sinal consiste em que eles têm dupla face. Fora de casa, dão vazão, por exemplo, à simpatia e a camaradagem temperamentais (por vaidade, ou simplesmente por prazer), mas em casa — onde mais do que o temperamento, é preciso a abnegação — são insuportáveis. Fazem lembrar aquela história do velório de um marido beberrão e violento, que fazia da esposa um saco de pancadas. Os amigos de boteco rodeavam o caixão, compungidos, e comentavam de longe: "Que homem! Grande amigo! Era a amabilidade em pessoa! Sempre pronto para ajudar, bom coração...". A esposa, ao ouvir isso, arregalou os olhos e pediu ao filho mais novo: — Joãozinho, vá até o caixão e veja se o defunto é mesmo seu pai...".

2. Virtudes ou Miragens

Talvez a esses Jesus diria: *Sepulcros caiados, que por fora parecem formosos, mas por dentro estão cheios [...] de hipocrisia e de iniquidade* (cf. Mt 23,27-28).

4) As virtudes-fogueira

Finalmente, neste quadro de miragens poderíamos colocar aquelas virtudes que são como uma fogueira de São João. Arde e ilumina durante uma noite. No dia seguinte, só restam cinzas. São febres efêmeras.

Lembro-me do que contavam há bastantes anos algumas pessoas que, infelizmente, foram mobilizadas para participar de uma guerra. Durante os combates, havia jovens soldados que mostravam exemplos espetaculares de bravura, de renúncia, de coragem. Mas, ao chegar o tempo de paz, eram incapazes de vencer a pequena batalha de acordar na hora certa para chegar pontualmente às aulas na faculdade.

Também no Evangelho temos exemplos claros disso. São Pedro, na Última Ceia, diz a Jesus, com veemência, de coração: *Darei a minha vida por ti!* (Jo 13,37); *Ainda que seja preciso morrer contigo, não te renegarei!* (Mc 14,31). Horas depois, não consegue nem acompanhar Jesus na oração no Horto, e o Senhor tem que lhe dizer: *Simão, dormes? Não pudeste vigiar uma hora?* (Mc 14,37). E, após a prisão de Cristo, foge e nega-o três vezes. Tinha virtude emocional, ardor de bons sentimentos, mas faltava-lhe a firmeza da verdadeira virtude.

São muito apreciáveis essas virtudes emotivas, mas só elas — por mais sentidas que sejam — não fazem nem santos nem bons cristãos. O bom perfume das virtudes cristãs, como lembra São Josemaria, "faz-se sentir entre os homens, não pelas labaredas de um fogo de palha, mas pela eficácia de um rescaldo de virtudes: a justiça, a lealdade, a fidelidade, a compreensão, a generosidade, a alegria" (É Cristo que passa, n. 36).

3. VIRTUDES HUMANAS

Boas estruturas

Queixava-se um amigo: — "Faz várias semanas que não consigo trabalhar direito, porque a poucos metros da janela funciona um bate-estaca que me tira a concentração".

Lembrei-me dessa conversa, porque — inspirando-nos na comparação de Cristo —, estamos comparando as virtudes a um "material de construção".

As "estacas", como você sabe, costumam empregar-se em fundações profundas de grandes edifícios. Sobre elas, como base segura, erguem-se os pilares, e a estrutura toda assim se firma, garantindo a solidez da construção.

Creio que podemos comparar as estacas às virtudes humanas, também chamadas *virtudes morais*. Como indica seu nome, são "virtudes de homem" (naturalmente, tanto mulher como varão), que forjam o caráter e perfilam cada vez mais a personalidade. Platão e, na esteira dele, muitos filósofos pagãos e cristãos, resumiam essas virtudes em quatro, já mencionadas no capítulo primeiro: prudência, justiça, fortaleza e temperança. A volta delas, há muitas outras virtudes humanas satélites: coragem, generosidade, sobriedade, amizade, constância, mansidão, compreensão, gratidão, etc.

Nesta primeira parte do livro pretendemos principalmente esclarecer o valor das virtudes humanas na vida do cristão. Na segunda parte, procuraremos entender como é que se adquirem as virtudes. E, na terceira, meditaremos sobre uma porção de virtudes concretas, relacionadas com as quatro virtudes cardeais.

Características das virtudes humanas

Que características têm as virtudes humanas? Antes de mais nada, que são "humanas", e não "sobrenaturais". Quer dizer, que podem e devem ser vividas por qualquer ser humano, em qualquer época, cultura e latitude. Acerca do valor fundamental dessas virtudes coincidem a filosofia grega, a sabedoria oriental, a lei de Moisés e o cristianismo.

Se dizemos que as virtudes humanas são comparáveis às estacas, que outras virtudes compararemos com os "pilares"? As "virtudes sobrenaturais", infundidas por Deus. Elas se firmam bem no cristão quando encontram apoio sólido nas virtudes humanas (como os pilares sobre as estacas).

A doutrina cristã chama virtudes sobrenaturais àquelas que são dom gratuito de Deus: as "virtudes teologais" — fé, esperança e caridade (cf. 1Cor 13,13) —, e aquelas outras que, sendo em si mesmas humanas, estão vivificadas pela graça do Espírito Santo, naqueles que vivem na graça de Deus. É um assunto de uma grande beleza, mas vamos deixá-lo para outros capítulos. Limitemo-nos agora a focalizar as características das *virtudes humanas*, tal como as descreve o *Catecismo da Igreja Católica*.

As virtudes são hábitos estáveis

O *Catecismo* começa dizendo que "as virtudes humanas são atitudes firmes, disposições estáveis, perfeições habituais da inteligência e da vontade" (n. 1804). Ou seja que não são tendências instintivas ou espontâneas, como os traços de temperamento, mas devem ser *adquiridas* com empenho e esforço constante.

3. Virtudes humanas

Por isso, as virtudes humanas podem ser chamadas também "virtudes adquiridas".

As virtudes não nascem feitas e embrulhadas. Da mesma maneira que não nasce feito tudo o que tem valor e requer esforço de conquista: ser engenheiro eletrônico, *spalla* de orquestra sinfônica, pesquisador ou médico.

Os que não lutam por ganhar virtudes — lembre-se disso — constroem o edifício da vida sobre "estacas" de vidro barato e quebradiço. São frágeis, vulneráveis a qualquer impacto. E a vida tem muitos impactos...

Creio que você já conheceu, no mundo do trabalho, pessoas inteligentes, tecnicamente bem preparadas, que esbanjam categoria como especialistas, mas que fracassam porque são desleais, arrogantes, indisciplinados, convencidos, criadores de caso... Não podem edificar uma boa vida profissional porque não têm as "estacas" firmes das virtudes.

E que dizer dos casamentos desintegrados — edifícios desabados —, porque se baseavam em estacas frágeis, de vidro colorido: as da paixão, da ânsia de prazer físico e afetivo, do aconchego recebido. Mas não tinham as "estacas" sólidas da doação, da compreensão, da paciência, da abnegação, da generosidade, do ideal familiar.

As virtudes regulam os nossos atos

É ainda o *Catecismo* que nos diz, no mesmo lugar, que "as virtudes regulam nossos atos, ordenando as nossas paixões e guiando-nos segundo a razão e a fé".

Vamos ficar agora num comentário inicial sobre esta frase, que exigirá um tratamento mais amplo. Por ora basta dizer que não custa nada perceber que muitas vidas são "condutas desreguladas", sem ordem nem sentido, improvisadas e pouco racionais: parecem-se com um carro que perdeu o volante e os freios, e se atira rua abaixo.

Acabo de falar de "condutas desreguladas". Isso propicia um esclarecimento útil. As virtudes — já o vimos — são elementos da construção de uma vida moralmente boa. Você sabe o que é a "moral"? A palavra "moral" procede da palavra latina "mores", que significa costumes, comportamentos habituais. Portanto, a moral avalia os bons e maus comportamentos.

Por seu lado, a palavra "virtude" também procede do latim *virtus*, que significa força, potência. Somente as virtudes — com a graça de Deus — tem a "força", o "poder", a "capacidade" de ordenar e governar a nossa conduta, sem desvios nem desastres.

As virtudes propiciam domínio e alegria

É mais uma expressão do *Catecismo*. Para comentá-la, recordemos uma experiência bastante geral. Há muitas coisas boas que desejaríamos fazer ou atingir, e ficamos tristes porque não as conseguimos. Escaparam do nosso domínio, foi uma frustração. Vejamos um par de exemplos.

Por que será que Fulano, que é inteligente e deseja muito passar num exame ou num concurso, fracassa sempre? Bomba atrás de bomba. Pode ser que tenha limitações intelectuais ou problemas psíquicos. Mas a maioria das vezes — e isso é o que agora nos interessa — será por falta de constância, de ordem no trabalho, de renúncia temporária a certos lazeres, de espírito de sacrifício. Ou seja, por falta das virtudes necessárias.

Por que será que Sicrana, que quereria muito manter-se calma, não ralhar o tempo todo com os filhos, não atazanar o marido com queixas, não consegue? Porque — além de pedir pouco o auxílio de Deus — não se esforçou como devia para ganhar as virtudes necessárias: paciência, controle da língua, firmeza serena, tolerância, etc.

Quem não luta, quem se contenta com a simples boa vontade e a improvisação, torna-se palha arrastada pelos ventos do

3. VIRTUDES HUMANAS

desejo, do prazer, do capricho, do egoísmo ou das circunstâncias. E dominada — amarrada — por eles, nunca alcança a alegria que almeja.

Entende-se, por isso, que o *Catecismo* afirme: "Pessoa virtuosa é aquela que livremente pratica o bem" (n. 1804). E que acrescente: "As virtudes humanas forjam o caráter" (n. 1810), forjam a personalidade de quem é livre e "senhor de si mesmo" (*Caminho*, n. 19).

Percebe a importância das virtudes? E a urgência de descobrir e adquirir as que nos faltam? Sobre isso daremos um primeiro olhar no próximo capítulo.

4. AS VIRTUDES QUE NOS FALTAM

Que "material" nos falta?

No primeiro capítulo, comentamos a parábola da casa inacabada, que Jesus inicia dizendo: *Quem de vós, querendo fazer uma construção, antes não se senta para calcular os gastos — os meios — que são necessários, a fim de ver se tem com que acabá-la?* (Lc 14,28).

Primeiro, é preciso ter um projeto, saber o que se quer construir. Depois, é imprescindível parar e refletir com calma — *sentar-se para calcular* —, a fim de ver qual deve ser o investimento e o material necessário. Já sabe que usamos a imagem do "material" para nos referirmos às virtudes.

Mas, antes de estudar qualquer material, é preciso estar bem conscientes da obra a ser realizada. O material de um galpão não é o mesmo que o de uma clínica neurológica. Que pretendemos construir? Sabemos que deveria ser o edifício da nossa realização humana e cristã. Perguntemo-nos: Que material já tenho (valores positivos, bons hábitos), e qual me falta? E sobre isso que vamos refletir agora.

Nem convencidos...

Meu amigo Luiz-editor gosta de contar a piada do homem que, com toda a seriedade, dizia: — "Reconheço que antes eu era convencido; agora não, agora sou perfeito".

Quem acha que não precisa mudar, que tudo está bem, é um inconsciente, como o louco convencido de que o vão da janela do décimo andar é a porta para sair à rua. Não se conhece, e isso é perigoso.

O conhecimento próprio é a eterna aspiração dos sábios e dos santos. "Conhece-te a ti mesmo", *nosce teipsum*, foi — e continua a ser desde há milênios — um caminho necessário para alcançar a sabedoria da vida. Mas não é fácil.

Em primeiro lugar, temos que vencer o orgulho, que, como dizia São Josemaria, "cega tremendamente", encobre e justifica todas as falhas. A vaidade, a soberba, a auto-complacência — que colocam óculos deformantes nos olhos — sempre oferecem argumentos para nos convencer de que o errado está certo, e de que os defeitos que todo o mundo vê em nós são falhas de ótica deles.

São Josemaria lembrava a antiga sentença que diz que o melhor negócio do mundo seria comprar os homens pelo que realmente valem, e vendê-los pelo que creem que valem.

Todos nós precisamos de ouvir humildemente as palavras de Cristo na sétima carta do Apocalipse: *Conheço as tuas obras... Dizes: Sou rico, de nada necessito — e não sabes que és infeliz, miserável, pobre, cego e nu... Aconselho-te que compres de mim um colírio para ungir os olhos, de modo que possas ver claro* (cf. Ap 3,17-18). Vamos pedir a Deus esse colírio?

... nem conformados

Outras vezes não negamos, mas reconhecemos os nossos defeitos: — Sou preguiçoso, falta-me delicadeza, sou desordenado, não dou para isso ou aquilo. Mas, que fazer — pensamos depois —, se eu sou assim, se esse é o meu jeito... Paciência!

Quando nos ocorrer um pensamento desse tipo, deixemo-nos sacudir por esta frase de *Caminho*: "Não digas: "Eu sou assim...,

4. As virtudes que nos faltam

são coisas do meu caráter". São coisas da tua falta de caráter. Sê homem" (n. 4). E por essa outra, dedicada aos pessimistas: "E muito cômodo dizer: "Não presto, não me sai bem uma só coisa". Além de que não é verdade, esse pessimismo encobre uma poltronice [uma "covardia"] muito grande" (*Sulco*, n. 68).

Aquele que não aspira a mudar, a melhorar, não aspira a viver. O conformismo com os defeitos equivale a desistir da realização, é optar por ficar empalhados em vida, é vegetar como o frango conservado no *freezer*.

Com razão Deus poderia dizer-nos: "Você é assim mesmo, certo. Mas já quis ser diferente? Já tentou ser melhor alguma vez?".

Como conhecer-nos?

A resposta a essa pergunta já deu origem a muitos livros. Agora só vou apontar três pistas, dentre as sugeridas por Cristo, para que você procure ver *a verdade no fundo do coração* (Sl 50[51], 8).

a) Primeira: Onde está o teu tesouro, lá também está o teu coração (Mt 6,21)

"Tesouro" é aquilo que mais prezamos, que mais valorizamos. Pode ser uma pessoa querida, ou o nosso sucesso, ou o dinheiro, ou o prazer... O "coração" — o mundo íntimo dos nossos pensamentos, sonhos, projetos e desejos — está centrado naquilo que mais estimamos e julgamos necessário para a nossa felicidade.

Qual é seu "tesouro"? Qual o "rei" que reina em seu mundo íntimo?

— Para muitas pessoas, o "tesouro" são os *três esses*: Sucesso, Satisfação, Sossego. Se você se enquadra aí, não duvide: precisa urgentemente começar a lutar contra o egoísmo.

— Para outras, o "tesouro" consiste em "acumular riquezas", entrar na lista dos "mais". Não entendem que, se os bens materiais são o seu Tesouro — assim, com maiúscula —, estão a caminho de um suicídio moral, e podem despedir-se da felicidade que Cristo promete: *Felizes os pobres em espírito* [os que são desprendidos e generosos, ainda que tenham bens], porque deles é o *Reino dos céus* (Mt 5,3).

— Para outros é a liberdade. Por enquanto, vou limitar-me a perguntar: Liberdade para quê? Dependendo da resposta, você vai conhecer seu coração. Se é liberdade para "fazer o que eu quero", você é um lamentável egoísta; se for liberdade para poder dar-se mais a Deus e dedicar-se a grandes ideais em favor dos outros, você tem a virtude da generosidade. Medite.

b) Segunda: A boca fala daquilo de que o coração está cheio (Lc 6,45)

— De que fala mais você? De você mesmo? Fala demais e escuta pouco? Não precisa refletir muito: você tem que lutar contra a vaidade. Talvez o despertem estas palavras de *Caminho:* "Obstinas-te em ser o sal de todos os pratos... e — não te zangues se te falo claramente — tens pouca graça para ser sal... Falta-te espírito de sacrifício. E sobra-te espírito de curiosidade e de exibição" (cf. n. 48).

— Você critica muito os outros? Acha logo defeito em tudo o que dizem ou fazem? Precisa adquirir a virtude da compreensão. E, se curte mágoas e rancores, precisa — mais do que o ar que respira — aprender a virtude da misericórdia.

— Você é boca-suja, que não para de falar de sexo e baixarias? Precisa descobrir e começar a praticar uma virtude que provavelmente ignora e até despreza, a castidade; e precisa também praticar a veracidade, isto é, lutar para não ficar enganando, traindo os compromissos de fidelidade que assumiu.

Você pensa até dormindo — como se fosse um ingrediente imprescindível da felicidade — em requintes de comida, em bebi-

4. As virtudes que nos faltam

das, em prazeres do gosto que não consegue largar? Também é urgente que aprenda como se adquire a virtude da temperança.

c) Terceira: Por que estais tristes? (Lc 24,17)

Essa é a primeira pergunta que Jesus ressuscitado fez aos discípulos de Emaús, quando voltavam para casa desesperançados, depois do "fracasso" de Jesus na Cruz. As alegrias e as tristezas (não falo das que procedem do amor a Deus e aos outros) são excelentes radiografias das doenças do coração.

— Causa-lhe alegria o que é "fácil", ou o que é "certo"? Diz, todo feliz: "Consegui driblar um compromisso"? Então, no seu coração há um buraco negro no lugar que deveria ocupar a virtude da responsabilidade.

— Causa-lhe muito mais alegria o que recebe do que aquilo que dá? Há um vazio no lugar da caridade e da abnegação.

— Quando se porta mal, entristecem-no as ofensas feitas a Deus e ao próximo, ou só a humilhação de se ver fraco e ruim? Precisa, então, ganhar as virtudes da humildade e do arrependimento.

— Alegra-o o fracasso dos outros, quando faz brilhar mais o seu sucesso? Não demore a iniciar uma luta séria contra os feios vícios da inveja e da vanglória.

As perguntas poderiam prosseguir, e continuarão em outros capítulos. Mas vou terminar agora com palavras de um sermão de Quaresma de São Bernardo, que inspiraram as perguntas acima: "Examina com cuidado o que é que amas, o que é que temes, de que te alegras, com que te entristeces. Todo o coração consiste nestes quatro afetos" (*Sermão no começo do jejum*, nn. 2 e 3).

As virtudes que nos faltam são um cartaz luminoso. Cada uma delas nos lança um apelo: — Veja o caminho que ainda deve percorrer, e comece a andar.

Pense. Reze. Peça luz a Deus e, mais uma vez, procure ver *a verdade no fundo do seu coração* (Sl 50[51],8).

5. LIMITAÇÕES E VIRTUDES

Todos nós temos limitações e, como é natural, não gostamos delas: quer sejam limitações físicas ou intelectuais, quer sejam faltas de aptidão, de graça, de jeito, etc.

Talvez você pergunte: Que têm a ver as limitações com as virtudes? Responderei: Muito! Primeiro, porque as confundimos facilmente com defeitos. Dos defeitos, nós somos responsáveis. Das limitações, não. Por isso, deveríamos corrigir os defeitos, e aceitar humildemente as limitações que não podemos eliminar.

Mas, como você sabe, não é fácil lidar com as limitações, porque elas nos humilham, nos revoltam até. Para conviver com elas precisamos de virtudes, e às vezes de virtudes bem grandes. Vamos ver quatro atitudes "virtuosas" que são necessárias para isso.

A aceitação

Só vai conviver bem com as suas limitações aquele que as aceitar serenamente, como parte da sua vida com a qual tem que contar. Por outras palavras, se for humilde: se souber aceitar a realidade, se souber agradecer a Deus os dons recebidos (muito maiores que as limitações) e confiar n'Ele.

Ser humilde não é ser coitadinho. Isso seria ter "complexo", coisa de psiquiatra (complexo de gordo, de baixo, de aleijado, de gago, de antipática, de feia...). A humildade é a *verdade* aceita com objetividade e fé. Essa virtude diz ao coração: — Deus o ama, Deus sabe que você é assim, que não tem todas as qualidades e capacidades que talvez desejaria possuir. Mas Ele lhe deu — se você souber enxergar — multidão de bens e potencialidades, que podem fazer de sua vida uma realização fantástica.

Talvez diga: Será? Olhe: comece a dar graças a Deus por tudo o que lhe deu de bom, e os olhos do coração se lhe abrirão.

Superar o que for "possível" superar

Existem, como sabe, limitações superáveis com um bom tratamento médico, cirúrgico, psicológico, etc. (por exemplo, a miopia, a obesidade, a gagueira, a timidez...).

Outras, como sabe, não podem ser eliminadas. Tem que ser enfrentadas e "dar a volta por cima", evitando entregar os pontos por causa delas. Isso só pode ser feito praticando virtudes.

— Já ouviu falar em Helen Keller? Nascida no Alabama em 1880, ficou totalmente cega e surda em decorrência de uma doença manifestada aos dezenove meses de idade. A genialidade da educadora Anne Sullivan conseguiu o "milagre" de que Helen falasse (inglês, francês, latim e alemão), chegasse a obter o título de bacharel em filosofia, e se tomasse uma célebre escritora (autora de nove livros) e conferencista internacional, dedicada a um trabalho infatigável em favor dos portadores de deficiência. No Brasil, foi condecorada com a Ordem do Cruzeiro do Sul. Morreu aos 87 anos.

Se você tem "complexo de limitado", guarde essas frases de Helen Keller: "Nunca se deve engatinhar, quando o impulso é voar", "A felicidade não é alcançada por meio de gratificação pessoal, mas através da fidelidade a um objetivo que valha a pena". Que virtudes você vê aí? Sem dúvida, coragem, magnanimidade, tenacidade, esforço sacrificado, espírito de serviço, solidariedade, esperança...

5. Limitações e virtudes

— Talvez você conheça outro exemplo, que também vou lembrar. Refiro-me a São João Maria Vianney, o Cura d'Ars. Habituado a trabalhar no campo e nada culto, percebeu que Deus o chamava a ser sacerdote. Foi grande a sua dificuldade em seguir os estudos eclesiásticos. Graças à bondade e à paciência do velho pároco de Balley, que foi seu preceptor, conseguiu penosamente chegar ao término do curso e se ordenar padre em 1815.

Como era considerado de pouca valia, foi encaminhado pelo bispo para uma paróquia insignificante da diocese de Lyon, o povoado de Ars. Após anos sem pároco, a aldeia estava espiritualmente "gelada".

Em pouco tempo, graças à sua vida de intensa oração e penitência, ao seu esforço de estudo, à sua dedicação heroica ao atendimento de todos, visitando-os, passando até doze horas diárias ou mais no confessionário..., alcançou de Deus que o povo de Ars se tornasse católico fervoroso. Sua fama transcendeu e começaram a acorrer para Ars verdadeiras multidões de toda a França, de outros países da Europa e até do outro lado do Atlântico, para ouvir os sermões daquele padre rural, emagrecido pelos jejuns, para confessar-se com ele e pedir-lhe conselho.

São João Vianney podia ter dito: "Coitado de mim. Sou um pobre homem, um ignorante (ele dizia isso de si mesmo), não sou brilhante quando prego, não sou doutor em teologia...", e contentar-se com ir tocando a burocracia paroquial. Mas teve fé, teve amor, teve constância, foi forte, teve zelo, teve caridade ardente... Teve virtudes! E aquele pobre padrezinho de aldeia é hoje o padroeiro de todos os párocos do mundo.

Ter fé nas "pequenas possibilidades"

Vou lembrar dois exemplos, que falam por si sós.

— O monge agostiniano alemão, Gregor Johannes Mendel († 1847) é reconhecido mundialmente como o "pai da genética".

Biólogo apaixonado pela pesquisa, não conseguiu trabalhar na universidade alemã. Podia ter desistido, mas não o fez. Pacientemente, alegremente, discretamente, escolheu um cantinho do jardim do mosteiro agostiniano de Brünn, e lá — numa pequena horta — começou a fazer as suas experiências com ervilhas. Dessas experiências, que duraram anos, nasceram as famosas *leis de Mendel*, origem e referência obrigatória de toda a ciência genética.

Quando lamentamos de maneira estéril as nossas limitações, talvez esqueçamos que sempre temos uma "horta de Mendel" descuidada, deixada às urtigas. A fé e o idealismo podem descobrir-nos essa "horta" no campo familiar, religioso, profissional ou social. Só o idealismo e as virtudes da responsabilidade, da laboriosidade, da persistência, da luta esforçada a farão florescer e dar fruto.

— Outro exemplo: São João da Cruz. Uma perseguição injusta o arrastou para um cárcere imundo. Todos os dias era chicoteado e insultado. Mal comia. Suportava frios e calores estarrecedores. Para ler um livro de orações, tinha que erguer-se nas pontas dos pés sobre um banquinho e apanhar um filete de luz que se filtrava por um buraco do teto.

Pois bem, foi nesses meses de prisão, num cubículo infecto, que ganhou o perfeito desprendimento, alcançou um grau indescritível de união com Deus e compôs, inundado de paz, a *Noite escura da alma* e o *Cântico espiritual*, obras que são consideradas dois dos cumes mais altos da mística cristã. E, uma vez acabada a terrível provação, quando se referia aos seus torturadores, chamava-os, com sincero agradecimento, "os meus benfeitores".

Percebe? Por mais limitações que tenha, um cristão pode viver todas as virtudes, tornar-se um santo e irradiar mais bem no mundo do que os personagens que ganham mais destaque nas páginas dos jornais.

5. LIMITAÇÕES E VIRTUDES

Descobrir o sentido vocacional das limitações

Cometem um erro terrível aqueles que, por sofrer uma limitação mais séria, julgam que a sua vida não tem valor, e caem no que São Josemaria chamava a "mística do oxalá". Perdem-se na amargura de imaginar o que poderiam ter sido, "se" não tivessem aquela desgraça...: "Oxalá não fosse doente!" "Oxalá tivesse forças para trabalhar como Fulano!" "Oxalá não tivesse essa incapacidade para o estudo!"... Com essas nostalgias, com esse mundo interior de inveja e lamentos, perdem as virtudes — porque não as praticam — e perdem a vida.

No entanto, é somente na vida real que podemos descobrir a Vontade de Deus e, portanto, a nossa vocação cristã para a santidade em cada momento. Como era tocante a alegria que São Josemaria transmitia a muitos doentes graves, quando lhes lembrava: "Deus agora lhe pede que santifique a sua vocação de doente". E os ajudava a ver que o Senhor contava muito com eles, como um tesouro, como uma poderosa fonte de energia espiritual para o bem da Igreja e do mundo, só pelo fato de aceitarem e oferecerem a Deus com amor o seu sofrimento, a sua união com Cristo na Cruz.

Dizia ele em São Paulo, em junho de 1974, que a circunstância de se estar doente não limita as possibilidades de ser santo e de fazer apostolado: "Padre, eu estou doente... Por isso mesmo! Os doentes são filhos de Deus amadíssimos: têm mais ocasiões que ninguém de oferecer ao Senhor mil coisas, de sorrir..." E recordava a seguir os anos em que sofreu de um diabetes grave. Referindo-se a si mesmo na terceira pessoa, dizia: "Conheci um pobre homem, um pecador, que durante dez anos esteve diabético, muito doente; podia morrer de um momento para outro. Quando sorria — e sorria quase sempre —, custava-lhe muito, mas é preciso sorrir, é preciso tornar a vida amável aos outros! Só com isso você atrai as almas".

O momento mais grave dessa sua doença deu-se em Roma, em abril de 1954. Naquela época, os alunos do Colégio Romano da Santa Cruz — Centro Internacional de Formação do Opus Dei —, convivíamos com ele e o víamos quase todos os dias. A sua fé, o seu espírito de oração constante, a sua doação incansável, o seu esquecimento próprio, mesmo quando estava exausto, a vibração com que falava de Deus, o carinho com que sempre nos acolhia, a solicitude por todos e cada um (éramos mais de cem)... — tudo isso ungido por um sorriso sereno —, arrastava-nos para Deus e para o desejo ardente de dar a vida para servir a Igreja e as almas. Estas eram as virtudes de um santo "limitado".

Limitações? Não, definições. Exatamente como os limites de um terreno definem o que se pode fazer nele. E, mesmo que seja pequeno, lá se pode erguer um monumento genial de arquitetura ou um jardim de beleza única, que imortalize o criador.

6. Máscaras de virtudes

Falemos mais dos defeitos. É desagradável, como entrar num túnel, mas é necessário para podermos sair depois ao ar livre das virtudes.

Muito claramente nos diz o dicionário que a palavra "defeito" tanto pode significar "deficiência" (portanto, *limitação* física ou psíquica), como "imperfeição moral ou vício". Este segundo sentido é o que agora nos interessa. Os nossos defeitos, no campo moral, ou são "imperfeições", isto é, virtudes falhas, insuficientes; ou então são "vícios", ou seja, hábitos contrários às virtudes, como, por exemplo, o vício da gula é o hábito contrário à virtude da temperança.

Não é a primeira vez que tratamos, nestas páginas, de imperfeições, vícios e enganos da consciência. Mas será útil aprofundarmos um pouco mais no assunto, para perceber a urgente necessidade que todos nós temos de nos livrarmos de enganos — de autoenganos —, que nos paralisam. Cada falso juízo sobre a nossas qualidades morais e as nossas responsabilidades é como uma rede ou uma teia de aranha, que nos envolve e imobiliza.

As nossas máscaras

a) Virtudes-mentira

Ao falar das virtudes que nos faltam, no capítulo quarto, já mencionamos que o amor-próprio sempre nos apresenta argumentos para nos convencer de que os defeitos que todo o mundo vê em nós são enganos deles. "Você é vaidoso" — nos dizem. E, com cara de espanto, respondemos: "Eu, vaidoso?". E arranjamos logo explicações para mostrar que não temos esse defeito.

O que agora quero dizer com as "máscaras" é bem mais sério do que isso. Muito pior do que a falsa inocência — "eu não tenho pecados" — é dar o nome de virtude a um defeito importante ou a um pecado grave. Não se trata apenas de negar o pecado que cometemos, mas de ufanar-nos dele, colocando- —lhe por cima a etiqueta — a máscara — de virtude. Disso falava o profeta Isaías: *Ai daqueles que ao mal chamam bem, e ao bem, mal!* (Is 5,20).

Exemplos? Além dos que víamos no capítulo quarto, veja os seguintes:

— A pessoa é rude, autoritária e grosseira, mas se gaba disso como se fosse virtude: "Sou muito sincero" — diz, todo estufado.

— Aquele pai não se atreve a corrigir costumes perniciosos dos filhos, para que não o chamem de autoritário e "careta". Deixa que os filhos se arrebentem, e ainda por cima se vangloria: "Sou muito amante da liberdade".

— "Sou muito humilde — orgulha-se o outro — não tenho ambições". Na realidade, deveria confessar que é um preguiçoso acomodado, que não se esforça por melhorar e cumprir até o fim os seus deveres.

— "Sou muito responsável no trabalho, não tenho tempo para nada". Tradução: aos olhos de Deus, você é um egoísta, que se desculpa com a quantidade de trabalho — bastante elástica — para não ter que gastar tempo com a família nem colaborar em obras de serviço social, apostólicas ou de caridade.

Essas máscaras são as piores? Não, as piores vêm a seguir. Vamos entrar mais fundo no túnel.

b) Mentiras diabólicas

Imagino que mais de um leitor vai achar este título truculento.

6. Máscaras de virtudes

Para nos entendermos, começarei por dizer que Cristo dá ao diabo duas qualificações que o definem:
— É mentiroso e pai da mentira... É homicida desde o princípio (Jo 8,44).

O mal entrou no mundo por uma mentira do demônio. Aliás, uma mentira bem típica dele. Conforme o simbolismo do relato do Gênesis, Deus havia dado um mandamento aos primeiros pais, e lhes anunciara que, caso o transgredissem, morreriam (Cf. Gn 2,17 e 3,3).

O demônio, com voz aveludada, disse: *Não! Ora essa! De modo algum morrereis. Pelo contrário..., vossos olhos se abrirão e sereis como Deus* (id. 3,4-5). Desobedeçam, e verão: serão iguais a Deus.

Foi um pecado de desobediência por orgulho, que acarretou a morte espiritual e física, quebrou a harmonia do homem e da mulher com Deus e com as demais criaturas, e foi o primeiro passo de "uma verdadeira inundação de pecado no mundo", da "corrupção universal em decorrência do pecado" (cf. *Catecismo da Igreja*, nn. 397-401).

O demônio é "mentiroso e homicida" — acabamos de ver. Você não acha muito atual a troca sutil de verdades por mentiras, que contrariam frontalmente os Mandamentos de Deus e ferem mortalmente a dignidade da pessoa, da família, da sociedade?

Vamos lembrar apenas algumas dessas mentiras, que você conhece bem:

— O adultério recebe o belo nome de "namoro", e a virtude da fidelidade passa a ser obsoleta e ridícula (veja-se o "magistério" das telenovelas).

— O aborto, que o Santo Papa João Paulo II não se cansava de qualificar como "verdadeiro assassinato", recebe o lindo nome de "direito da mulher sobre o seu próprio corpo". Na realidade — tal como o pecado original — é uma desobediência grave contra o quinto Mandamento da Lei de Deus ("não matarás"), baseada numa mentira (pois o filho não é um órgão nem uma parte do corpo da mãe!).

Como vê, os primeiros capítulos do Gênesis continuam atuais.

— Chama-se "casamento" a qualquer união aberrante (num país da Europa, alguém casou legalmente com uma mula), e se estigmatiza os que desejariam reservar o belo nome de "casamento" para a aliança estável entre um homem e uma mulher, desejosos de criar uma família (pai, mãe, filhos). Mata-se o filho no ventre da mãe e mata-se a família, com base em mentiras.

— A mera espontaneidade (sentimentos e impulsos sem raciocínio prévio nem equilíbrio) é chamada de autenticidade. Mas, baseados nessa "autenticidade", muitos jovens patinam sem rumo pela pista das drogas e perdem o norte da vida.

— À incontinência da gula, do sexo, do álcool e das drogas (que desemboca em vício e escravidão), chamam de "liberdade".

— Crimes morais, que já foram abominados como vermes hediondos — por exemplo, as experiências do nazista Mengele com seres humanos (nascidos, abortados ou embrionários) —, chamam-se agora de direitos da ciência e expressões da modernidade.

— O "comum" é chamado de "normal" (cada vez é mais "comum" que jovens se embriaguem nas baladas e consumam cocaína; como isso vai se generalizando, acaba aparecendo como "normal"). De acordo com esse tipo de raciocínio, se continuar crescendo o número de assassinatos de trabalhadores inocentes, deveremos dizer que matar à toa qualquer pessoa é "normal".

c) A virtude indefinida

A mentira falsifica as bases do bem, da moral, que Santo Agostinho chamava a "vida boa", ou seja, guiada pela bondade objetiva, que distingue claramente o Bem do Mal.

Se essas bases objetivas são minadas, a vida moral fica sem rumo nem sinalização, conduzida apenas pelos voos caprichosos da borboleta da falsa liberdade. É o relativismo, a moral puramente subjetiva, volátil como os desejos e os caprichos. Então não faz sentido falar de virtude. A borboleta diz para mim que

6. MÁSCARAS DE VIRTUDES

isso é virtude, e para você diz que não é. E daí? Daí que o edifício moral desaba em cacos sobre uma base de areia movediça.

A virtude, o bem e o mal, têm contornos definidos: a Verdade de Deus, a sua Bondade, a sua Palavra, os seus Mandamentos. Fora disso, tudo se esfarela.

De fato, quando se nega esse referencial objetivo, as pessoas ficam tateando no escuro. "Se a promoção do próprio eu é vista em termos de autonomia absoluta — dizia João Paulo II —, a vida (individual e social) aventura-se pelas areias movediças de um relativismo total. Então, tudo é convencional, tudo é negociável, inclusive o primeiro dos direitos fundamentais, o da vida" (*Evangelium Vitae*, n. 20).

No mesmo sentido falou muitas vezes — incansavelmente — Bento XVI, e frisou: "Nós viveremos de modo justo, se vivermos segundo a *verdade* do nosso ser, ou seja, segundo a vontade de Deus. Porque a vontade de Deus não é para o homem uma lei imposta a partir de fora que o obriga, mas a *medida intrínseca da sua natureza*, uma medida que está inscrita nele e que o torna imagem de Deus... Se nós vivermos contra a verdade, contra Deus, contra o amor, então nos destruiremos..." (*Homilia*, 8/12/2005).

O *Catecismo da Igreja* exorta-nos a colocar-nos diante de Deus, em oração, para "fazer cair as nossas máscaras e voltar o nosso coração para o Senhor que nos ama" (n. 2711). As máscaras mentem, as máscaras matam. Só o coração sincero, aberto para Deus abre os olhos. Buscando a Deus é que conseguiremos que a nossa vida deixe de ir na contramão da verdade e enverede pela rota da realização cristã — do Amor —, fora da qual não existe autêntica realização.

7. Uma virose: o orgulho

"Inimigos domésticos"

Vamos entrar, neste capítulo e no seguinte, em dois fundos escuros dos porões da alma. Não é agradável. Mas seria covardia que você e eu, leitor, recusássemos olhar-nos nesse espelho, para podermos reagir depressa caso nos vejamos um pouco retratados nele. Digo "um pouco", porque — como é óbvio — não penso que todos nós tenhamos "só" esses defeitos, ou que estejamos "dominados" por eles. Graças a Deus, na nossa vida há muitas coisas boas.

Os dois vícios que vamos focalizar poderiam comparar-se a um vírus que contamina as virtudes e às vezes as apaga: o *orgulho* e o *hedonismo*.

Lembre-se que há defeitos que têm, em geral, só surtos esporádicos, talvez fortes, como a raiva daquele amigo que me dizia, brincando: "Em casa, eu só tenho uma explosão de ira por semestre". Não é desses que trataremos agora, mas de duas atitudes de fundo que podem contaminar tudo, se não lutarmos contra elas. É importante lutar, porque podem ser uma "virose generalizada" que faz adoecer todas ou quase todas as virtudes.

A soberba: a antítese do amor

Bento XVI comentou certa vez que cada um de nós traz, dentro de si, uma gota do veneno da serpente do paraíso. Fazia alusão ao pecado original, um pecado de orgulho — de soberba —, que, como lembrávamos no capítulo anterior, levou os primeiros pais a rejeitar Deus com um ato de desobediência.

Quando se rebela contra Deus, o homem fica fechado no círculo do seu "eu", no culto do egoísmo. Tudo gira à volta dele, e não aceita interferências. Essa independência de Deus é destrutiva, porque corta a "conexão" vital com Aquele que é a fonte do ser, da vida, do bem, da bondade, da graça...; e, assim, como diz um teólogo, o homem "se condena ao absurdo, pois uma liberdade sem Deus só pode destruir o homem" (Q. L. Lorda, *Antropologia sobrenatural*, p. 37).

Quando a soberba dá seu "grito do Ipiranga", as virtudes saltam fora dos eixos do amor a Deus e do amor ao próximo. Com isso, se desconjuntam.

Como diz o livro do Eclesiástico (Sirácida), *o orgulho é odioso diante de Deus e dos homens* [...]. É o princípio de todo pecado (Eclo 10,7-15). É bom temer esse inimigo, porque todos — em maior ou menor grau — o carregamos dentro de nós, e muitas vezes não nos damos conta disso.

"Odioso diante de Deus"

Ainda no livro do Eclesiástico lemos: *O início do orgulho num homem é renegar a Deus, pois o seu coração se afasta daquele que o criou* (Eclo 10,14-15).

O veneno da serpente, que continua a sussurrar *sereis como deuses, conhecedores do bem e do mal* (Gn 3,5), atua nos corações e pode nos levar, se não reagirmos, a:

— Desprezar Deus e as coisas de Deus. É a atitude de indiferença da pessoa autossuficiente, que — como diria o poeta Antonio Machado — "despreza quanto ignora". E o orgulho dos que, desconhecendo quase tudo sobre Deus, dizem: "Religião já era",

7. Uma virose: o orgulho

"Você ainda acredita?", "Eu escolho a minha verdade!", "Ninguém tem que me dizer o que é certo ou errado!"...
— Pode levar também a acreditar em Deus com a boca e na teoria, mas a considerá-lo supérfluo na vida real. "Para quê levar tão a sério a fé, para quê ter uma vida espiritual constante, para quê aprofundar no Evangelho e na doutrina cristã, para quê estudar a doutrina da Igreja?" Alguns, quando muito, aceitam Deus como um servente útil, que deve ficar a postos quando o chamamos na hora da aflição para que nos resolva problemas.

— A autossuficiência orgulhosa pode conduzir, "em nome da liberdade laica", à criação de uma cultura, de uma política, de uma legislação, de uma mentalidade, que expulsa Deus e o coloca no banco dos réus, fora da lei. Defender a verdade moral e os Mandamentos de Deus (por exemplo, a verdade sobre o matrimônio, a família e a vida), já se tornou crime em alguns lugares. Quem defende a verdade do "ser humano", cai na censura da mídia e até na condenação dos tribunais. E, então, muita gente boa, amedrontada por essa ditadura da "modernidade", desiste de defender a verdade e se acomoda ao "politicamente correto".

"Odioso diante dos homens"

Alguma vez comparei o coração a um instrumento de corda. Quando as cordas são tocadas pela bondade e pela sinceridade, saem de dentro as notas do amor. Quando quem toca é o orgulho, saem do coração as notas desafinadas da discórdia, da mágoa, da raiva, da inveja, da incompreensão..., em suma, da falta de amor ao próximo.

É bom pararmos uns instantes e tentar escutar, na presença de Deus, o som das nossas cordas. Pelos sons cacofônicos, poderemos deduzir as tonalidades — mais ou menos fortes — do nosso orgulho.

O orgulho "toca" o coração e alimenta o desejo de sobressair, de ficar por cima, de ser valorizado, acatado e estimado; desperta a ânsia de se sentir superior aos outros ou, pelo menos, nunca inferiorizado; e cria a incapacidade de aceitar o que fere o amor-próprio ou rebaixa a nossa imagem. Com esses sentimentos, como é difícil praticar o amor ao próximo!

É bom desmascarar esse inimigo e, como diz a Escritura, *caçar as pequenas raposas que destroem a vinha* (Ct 2,15). Se procurarmos detectar e combater o pequeno orgulho, evitaremos que nos domine o grande. Vejamos alguns traços dessas "raposas", pois todos temos algumas delas:

— Sermos suscetíveis por minúcias. Qualquer coisinha nos ofende, nos melindra. "Os pobrezinhos dos soberbos — diz São Josemaria — sofrem por mil e uma pequenas tolices, que o seu amor-próprio agiganta..." (*Sulco*, n. 714).

— Ser teimosos: julgando que estamos sempre com a razão, "desprezando o ponto de vista dos outros" (Ibid., n. 263), e somos incapazes de não dizer a "última palavra" nas discussões.

— Queixar-nos de não ser compreendidos, ao mesmo tempo que julgamos com dureza os demais.

— Termos excessiva preocupação pela nossa "imagem": fazer "pose"; sofrer perguntando-nos: "fiquei bem?", "fiz um papel ridículo?", "que estarão pensando de mim?"

— Não perdoar, guardar ressentimento por longo tempo.

— Termos muito espírito crítico: uma tendência instintiva de ver o lado errado ou grotesco dos outros.

— Abusar da ironia e das gozações.

— Querer que os outros saibam, louvem e agradeçam as coisas boas que fazemos e, se não o fazem, perdermos o pique.

— Falar demais e escutar de menos. Ser o "sal de todos os pratos" (cf. *Caminho*, n. 48). Nas conversas, mostrar-nos sempre "por dentro", como quem sabe mais do que ninguém... E tantas coisas mais.

7. Uma virose: o orgulho

A humildade, fundamento das virtudes

Se o orgulho estraga as virtudes, a humildade as vivifica, cura todas, protege tudo.

Escutemos o que Deus nos diz. Por três vezes a Bíblia repete estas mesmas palavras: *Deus resiste aos soberbos, mas concede a graça aos humildes* (Pr 3,24; Tg 4,6; 1Pd 5,5). E por três vezes Jesus insiste que *todo aquele que se exaltar será humilhado, e quem se humilhar será exaltado* (Mt 23,12; Lc 14,11 e 18,14), ao mesmo tempo que nos pede: *Aprendei de mim, que sou manso e humilde de coração* (Mt 11,29).

Você não se lembra do que disse Nossa Senhora na casa de Santa Isabel, ao levantar o coração a Deus num cântico de alegria? *A minha alma engrandece o Senhor, e meu espírito exulta de alegria em Deus, meu Salvador, porque olhou para a humilde condição da sua escrava...Realizou em mim maravilhas aquele que é poderoso* (Lc 1,46-49).

Também em nós Deus poderá realizar maravilhas, se encontrar um coração humilde e desprendido. "A humildade — dizia Cervantes — é a base e fundamento de todas as virtudes, e, sem ela, não há nenhuma que o seja".

Na terra boa da humildade, todos os dons de Deus dão fruto. Na terra boa da humildade, todas as virtudes podem ser plantadas e crescer sadias, sem medo de pragas que as devastem. Na terra boa da humildade, todos os erros podem ser reparados e as perdas resgatadas. E acabam assim desabrochando em frutos agradáveis a Deus e ao próximo. Com razão dizia São Josemaria: "Pela senda da humildade vai-se a toda a parte..., fundamentalmente ao céu" (*Sulco*, n. 282).

8. OUTRA VIROSE: O HEDONISMO

A bússola do coração

Se você pudesse olhar a "bússola íntima" de muitos homens e mulheres, veria que um grande número de corações tem a agulha magnética apontada para uma estrela de cinco pontas: *meu prazer-meus gostos-meu interesse-minhas vantagens-meu direito de ser feliz*.

Outros, poucos — tomara que aumentem e você seja um deles! —, apontam para um Norte melhor, para outra estrela que tem cinco pontas radiantes: *ideal-doação-serviço-meu dever-meu amor*.

A primeira estrela nasce dos porões do egoísmo. A segunda surge do abismo de Amor de Deus, anunciando um alvorecer de vida.

Se você leu *O senhor dos anéis* ou viu o filme, estará lembrado das sombras de Mordor, que invadem a Terra Média e ameaçam devastar tudo. O hedonismo é hoje uma sombra de Mordor que avança sobre a vida moral das pessoas. Você sabe o que é o hedonismo? Vale a pena lembrar: "Doutrina que considera que o *prazer individual* e *imediato* é o único bem possível, princípio e fim da vida moral".

Em coerência com isso, é característico do hedonismo considerar o sofrimento individual como o "único mal"; e igualmente ver como um absurdo o sacrifício voluntário, se não é um meio para conseguir maiores "prazeres individuais". Acontece, porém, que eliminando o sacrifício, as virtudes desaparecem ou ficam paralisadas. "Nenhum ideal — dizia São Josemaria — se torna realidade sem sacrifício" (*Caminho*, n. 175).

Como talvez lembre-se, no primeiro capítulo comentávamos a parábola de Cristo que fala do papel ridículo de um *homem que principiou a edificar e não pôde terminar* (Lc 14,28-30). E muito interessante constatar que Jesus usou essa imagem para ilustrar a seguinte sentença: *Aquele que não carrega a sua cruz e me segue, não pode ser o meu discípulo* (Lc 14,27). Sem cruz — sem abnegação — não se constrói.

Realização e cruz

Quem conhece um mínimo de História, sabe que, durante milênios, tanto os espíritos pagãos mais elevados como os cristãos — no Ocidente e no Oriente — chegaram à certeza de que a autêntica realização humana só podia encontrar-se nas virtudes, e no *bem* (nos *valores*) para o qual todas elas apontam.

Os homens e as mulheres, sem dúvida, falhavam, não eram santos; muita vez eram mesquinhos; mas nunca os pais e mestres pensavam nem ensinavam que o único *mal* da vida fosse o sofrimento ou o sacrifício. Via-se como coisa evidente que o mal consistia na falta de valores (de referências nítidas sobre o *bem* e o *mal*) e de virtudes. Por isso, as virtudes eram ensinadas, em todas as idades, como um esforço moral necessário para alcançar o bem e vencer o mal.

Todos os heróis admirados e propostos como modelo eram homens e mulheres capazes de grandes sacrifícios, de renúncias generosas, de sofrimentos heroicos por uma causa, que consistia sempre num *bem*, nunca num prazer puro e simples. Era um ideal em que o bem e a beleza se identificavam. Este foi o denominador comum dos grandes personagens bíblicos, dos heróis pagãos e dos santos cristãos.

Até há pouco mais de meio século, o sinal da grandeza de uma pessoa era a qualidade excepcional das suas virtudes. Neste

8. Outra virose: o hedonismo

sentido — como já comentamos —, a Igreja Católica, ao estudar a possível canonização de algum fiel falecido com fama de santidade, analisa primeiro se praticou "virtudes heroicas".

Se, ao longo dos séculos, a virtude não só admitia como exigia o sofrimento corajoso e o sacrifício desinteressado, agora, esse quadro parece estar sendo rasgado e substituído pela liberdade do prazer sem entraves. Quem opina diferente é tachado de "moralista", medieval e truculento, adversário dos direitos humanos.

Esses "pichadores" das virtudes não se dão conta de que a única liberdade que merece esse nome é aquela que filósofos cristãos chamam "liberdade de qualidade", ou seja, a liberdade de escolher voluntariamente o que é bom, o que é melhor, o que é virtude. E que, pelo contrário, a liberdade que eles defendem é a "liberdade de indiferença", que é a liberdade do "tanto faz", e consiste em optar em cada momento pelo que dá na cabeça, em escolher só o que agrada e rejeitar o que incomoda. Tudo fica, assim, sob as rédeas do capricho e do prazer imediato.

O hedonismo paralisa o amor de Deus

O hedonismo, como o orgulho, infiltra-se em tudo, infecciona o sangue da alma. E uma virose progressiva, generalizada. Afeta gravemente as relações com Deus e as relações com o próximo. Vamos ver, com apenas algumas pinceladas, esse efeito paralisante.
Em primeiro lugar, as relações com Deus.
— Com a mística do prazer, Deus é deixado fora da vida como um obstáculo que atrapalha, com seus mandamentos, a liberdade de viver conforme as próprias vontades. "Deus exige? Então não serve!". "Eu é que devo exigir de Deus que Ele me sirva, que me ajude a não sofrer, a me sentir bem, a ganhar dinheiro, e, se for do meu interesse, a ficar com a mulher do próximo".
— A religião é vista pelo hedonista como um produto de supermercado ou de shopping. O mercado das religiões, hoje,

está bem abastecido. As gôndolas estão repletas, para cada qual escolher a sua religião "à la carte". Para muitos, a Verdade não interessa; não interessa nem a Palavra nem a Vontade de Deus. Interessa só um tipo de religião que aprove todos os meus caprichos, pecados e erros; que me faça cafuné na cabeça e me tranquilize, oferecendo-me cultos, pregações, cânticos e orações com efeitos semelhantes aos da sauna, da ioga ou da dança do ventre.

Uma religião, em suma, sem outro amor que o "amor a mim mesmo", amenizado por umas pinceladas de caridade "gostosa" e uma pitada de alguns dias de voluntariado para tranquilizar a consciência.

É evidente que esse tipo de religiosidade é paralisante, e não levará nunca à realização no amor, à plenitude da vida. Nunca levará ao Deus vivo.

O hedonismo paralisa o amor ao próximo

Lembro-me de umas palavras expressivas da *Carta às famílias* de João Paulo II, em que falava de: "uma civilização das "coisas" e não das "pessoas"; uma civilização em que as pessoas se usam como se usam as coisas... A mulher pode tornar-se para o homem um objeto, os filhos um obstáculo para os pais, a família uma instituição embaraçosa para a liberdade dos membros que a compõem".

A mentalidade hedonista de um casal, por exemplo, nota-se na decisão relativa a ter ou não ter filhos, a ter mais ou menos filhos. É um assunto complexo, que exige ponderar diversos fatores objetivos (saúde, por exemplo). Mas, em grande número de casos, o fator decisivo é o hedonismo: o comodismo, a aversão ao sacrifício, o desejo de não ter trabalho, de gozar de mais liberdade para fazer o que se quer. Onde estão aí as virtudes da família e do lar?

A mentalidade hedonista é — como diria o Papa Francisco — uma "mentalidade de descarte". Em nome do prazer e do direito

8. Outra virose: o hedonismo

de ser feliz, o marido descarta a mulher, a esposa descarta o marido, ambos descartam os filhos, que sempre sofrem as consequências da separação. "Foi inevitável", dizem, "será melhor para eles". Será? Fora casos pontuais, normalmente, teria sido muito melhor para os filhos conviver com os defeitos... e as virtudes que os pais deveriam e poderiam ter vivido se se decidissem a amar mais, a "dar-se" mais.

De fato, se quisermos conhecer os motivos da maioria dos divórcios, o casal e o advogado nos darão uma lista. Mas a verdadeira "lista", aos olhos de Deus, em grande parte das crises, são as virtudes que faltaram e levaram aquela família a desmoronar, como um edifício sem estacas nem pilares: falhou o sentido de vocação e de missão, a entrega generosa ao ideal familiar, a abnegação, a compreensão, a dedicação prestativa e alegre, a paciência, o espírito de serviço, o espírito de perdão, e tantas outras mais.

Coisas análogas se poderiam dizer do egoísmo no relacionamento com os parentes, colegas e amigos, pois também é o hedonismo o que determina, com frequência, a exclusão dos idosos e dos doentes (que o Papa Francisco não se cansa de denunciar); a abdicação das responsabilidades dos pais na educação dos filhos (já estão numa boa escola); o relaxamento e a trapaça nos compromissos e obrigações profissionais e sociais, a corrupção na vida pública, etc.

O hedonismo paralisa o amor a nós mesmos

Finalmente, umas poucas palavras para que não esqueçamos que o hedonismo destrói, em primeiro lugar, a vida de quem o adota como bússola para a vida.

De fato, o hedonismo avilta o sexo, rebaixando-o ao nível do consumo material. A parceira ou o parceiro — mesmo quando se trata de marido e mulher — desce ao nível da lata de cerveja que, uma vez consumida, se joga fora.

Assim, a sensualidade egoísta torna-se vício tirânico, obsessão, compulsão. O viciado em "liberdade sexual" (em libertinagem) torna-se um pobre escravo da pornografia, da Internet, das redes sociais, da tv noturna, dos desvios da sensualidade. Diz: "Faço o que quero", mas deveria dizer: "Faço o que não consigo mais deixar de fazer". Atolou, sem forças para sair, num brejo de que só Deus o pode tirar.

A mesma coisa acontece com a liberdade, tão "atual", de consumir álcool desde a pré-adolescência; de experimentar drogas brandas; de passar logo depois para a experiência de drogas fortes, até cair numa escravidão progressiva, que pode não ter retorno. Será que esses pobres viciados são um modelo da liberdade que tanto os motivou?

Sobre o pano de fundo dessas desgraças, entende-se melhor a tremenda importância desta afirmação: "Onde não há mortificação, não há virtude" (*Caminho*, n. 180).

Antes de sair dos porões, gostaria de terminar este capítulo com um apelo vibrante: "Não gostaríeis de gritar à juventude que fervilha à vossa volta: — Loucos!, largai essas coisas mundanas que amesquinham o coração... e muitas vezes o aviltam..., largai isso e vinde conosco atrás do Amor?" (*Caminho*, n. 790).

Medite nisso.

9. A ALMA DAS VIRTUDES HUMANAS

A última parábola de Cristo

Na segunda parte, a partir do capítulo 11, meditaremos sobre a aquisição, cultivo e crescimento das virtudes humanas. Mas antes de entrar no tema, é preciso que acendamos uma luz. Sem ela, as melhores coisas que pudéssemos dizer sobre as *virtudes humanas* ficariam incompletas e até confusas.

Assim como até agora nos ajudou a imagem empregada por Cristo da vida como construção de um edifício, vamos procurar mais luzes na última parábola que Jesus expôs antes de ir para a Cruz: *a alegoria da videira e as varas* (Jo 15,1-8).

Eu sou a videira verdadeira — dizia Jesus na Última Ceia —, *e meu Pai é o agricultor [...] O ramo não pode dar fruto por si mesmo, se não permanecer na videira. Assim também vós, se não permanecerdes em mim. Eu sou a videira, vós os ramos* (Jo 15,1 e 4-5).

A vida do ramo — da vara ou sarmento, de onde pende a uva — procede da seiva, que vem das raízes da videira. Sem seiva, a vara seca; sem seiva, não há fruto.

Sabe o que é essa "seiva" que Cristo — a videira verdadeira — nos transmite, quando estamos unidos a Ele? A graça de Deus, a graça que o Espírito Santo — amor eterno entre o Pai e o Filho — infunde na nossa alma como grande fruto da Redenção realizada por Cristo. De maneira simples e bela, São Paulo diz que *o amor de Deus foi derramado em nossos corações pelo Espírito Santo que nos foi dado* (Rm 5,5), e que esse dom do Amor — já desde o batismo — nos dá uma vida nova (Rm 6,4).

Trata-se de uma realidade divina, que as palavras humanas são incapazes de exprimir. Os Padres da Igreja dos primeiros séculos, para explicar a transformação que a graça do Espírito Santo opera na nossa alma, recorriam a comparações. Uma delas, muito expressiva, é a do metal posto ao fogo: ao ficar em brasa, adquire as qualidades do fogo; sem deixar de ser o que era — metal — ganha o ardor, a luz e o calor que, sozinho, jamais teria. Coisa análoga faz a graça do Espírito Santo nas nossas almas, elevando-as, "divinizando-as", tornando-nos *filhos de Deus* (cf. Jo 1,12; Gl 4,6-7), *membros da família de Deus* (Ef 2,19).

Graças a esse fogo divino nós podemos viver e agir como *filhos de Deus muito amados* (Ef 5,1). E, se não perdemos a graça pelo pecado, as nossas virtudes terão a vitalidade, a "seiva", a qualidade sobrenatural das virtudes dos filhos de Deus, dos *irmãos de Cristo* (cf. Rm 8,16 e 29). Serão as *virtudes humanas* do cristão.

A graça e as virtudes humanas

As virtudes humanas — como lembramos antes — já foram conhecidas e estimadas há milênios pelos pagãos. Recordemos que Platão formulou a doutrina básica das quatro virtudes "cardeais": prudência, justiça, fortaleza e temperança. Aristóteles e os filósofos estoicos (Epicteto, Cícero, Sêneca, etc.) aprofundaram nas quatro, e em muitas outras que estão ligadas a elas. Os mesmos valores básicos encontram-se nas tradições éticas do confucionismo, do hinduísmo e do budismo.

O cristianismo não rejeitou esses valores, antes assumiu a doutrina clássica das virtudes, como o fez com todos os valores autênticos da sabedoria pagã. Neste sentido, São Paulo aconselhava: *Tudo o que é verdadeiro, tudo o que é nobre, tudo o que é justo, tudo o que é puro, tudo o que é amável, tudo o que é de boa*

9. A ALMA DAS VIRTUDES HUMANAS

fama, tudo o que é virtuoso e louvável, eis o que deve ocupar os vossos pensamentos (Fl 4,8).

No entanto, o enfoque cristão modificou profundamente — pela raiz — a perspectiva pagã. Com efeito, o ideal pagão apreciava as virtudes como um desafio de grandeza pessoal, como domínio de si, como vitória do esforço moral do "sábio", como supremacia da inteligência e da vontade sobre os instintos e as emoções.

É uma moral que tem muitas coisas elevadas e sempre válidas; por isso, Santo Tomás pôde aproveitar grande parte da Ética a Nicômaco de Aristóteles. Porém, já desde o início, a alma cristã percebeu que esses valores pagãos — ainda que positivos — padecem de insuficiências.

Virtudes pagãs e virtudes cristãs

Vejamos quatro insuficiências da visão pagã das virtudes:

a) *Primeira*: o pagão virtuoso é autossuficiente. Acha que não precisa de Deus para ser perfeito. Quando muito, deve resignar-se ao destino inexorável dos deuses. O herói e o filósofo pagão têm o perigo de viver facilmente num clima de orgulho, de auto-complacência. Ignoram a virtude da humildade, não a compreendem. Valorizam o forte e o sábio, mas menosprezam o fraco e o ignorante. Pelo contrário, o cristão ama a todos igualmente como irmãos e valoriza especialmente os pequeninos, os pobres, os fracos, filhos queridíssimos de Deus (cf. Mt 18,3 e 10).

b) *Segunda*: esquece que uma parte importante do amadurecimento das virtudes é a "cura" dos defeitos contrários a elas, enraizados na alma. O ser humano está contaminado pelo pecado. Sem curar as feridas interiores, mediante a graça e o perdão de Deus, a virtude fica enfermiça, é um ramo frágil.

c) *Terceira*: as virtudes pagãs não têm o seu centro vital no amor. Desconhecem o Espírito Santo e a extraordinária novidade da caridade cristã. Como poderiam entender o que escrevia São Paulo: *Se não tiver amor, não sou nada* (1Cor 13,2)? Ou o que dizia, mais rotundamente, São João: *Quem não ama permanece na morte* (1Jo 3,14). O amor é a "alma" das virtudes cristãs.

Sempre recordarei a tristeza com que uma mãe de família de origem oriental me dizia, depois de uma primeira viagem à terra dos antepassados: "É uma pena. Eles são bons, mas não conhecem a caridade".

d) *Quarta*: não sabem — por não conhecê-lo ou por conhecê-lo mal — que o modelo supremo, único, definitivo, da plena perfeição das virtudes humanas é Jesus Cristo, *perfeito Deus e perfeito homem* (*Quicumque*).

Por isso, São Paulo podia resumir a vida cristã dizendo: *Sede imitadores de Deus, como filhos muito amados. Progredi no amor, seguindo o exemplo de Cristo, que nos amou e se entregou por nós* (Rm 5,5). Progredir no amor!

Por exemplo, diante da cruz, da dor, o estoico dirá apenas: "Seja forte, seja indiferente ao sofrimento, esteja por cima dele". Mas o cristão... Vou lembrar um episódio que fala por si. Um rapaz, gravemente doente contava ao sacerdote que o atendia que, naqueles dias, rezava olhando pra um crucifixo, e lhe dizia: "Jesus, sofro porque dói muito; mas sorrio porque te amo!".

É importante termos isso tudo bem presente quando falarmos depois da importância do nosso esforço por adquirir as virtudes humanas. Sem a graça e sem o amor, o esforço ficará estéril.

As virtudes humanas do cristão

As virtudes humanas do cristão, como dizíamos, são as mesmas virtudes cardeais dos pagãos, as quatro clássicas — prudên-

9. A ALMA DAS VIRTUDES HUMANAS

cia, justiça, fortaleza e temperança —, mais as outras que lhes são anexas.

Como o pagão, o cristão também tem que lutar para adquirir essas virtudes; a graça não o dispensa do esforço necessário para as possuir. Mas a novidade é que o Espírito Santo comunica a essas virtudes "qualidades divinas", que mudam tudo:

a) Primeiro, faz delas "virtudes filiais". O cristão que vive da fé, pode exclamar, extasiado, como São João: *Caríssimos, desde agora somos filhos de Deus!* (1Jo 3,2). E, quando se empenha em ser mais forte, mais prudente, mais justo, mais moderado..., não visa a satisfação vaidosa de se sentir "bom"; a única coisa que procura é a que buscava o coração de Cristo: cumprir com amor a vontade do Pai, fazendo o que lhe agrada: *Meu alimento é fazer a vontade daquele que me enviou* (Jo 4,34). *Eu sempre faço o que é do seu agrado* (Jo 8,29).

b) Além disso, o Espírito Santo infunde no esforço humano a força de Deus. A São Paulo, que se angustiava por não conseguir vencer uma grande dificuldade pessoal, Cristo lhe disse: *Basta-te a minha graça, porque é na fraqueza que se revela totalmente a minha força* (2Cor 12,9). Depois de ouvir essas palavras, o apóstolo escrevia, feliz: *Posso tudo naquele que me dá forças* (Fl 4,13).

O *Catecismo* resume brevemente estas verdades: "As virtudes humanas... são purificadas e elevadas pela graça divina" (n. 1810). "Não é fácil para o homem ferido pelo pecado manter o equilíbrio moral. O dom da salvação, trazida por Cristo, nos concede a graça necessária para perseverar na conquista das virtudes" (n. 1811).

O cristão de boa vontade, aberto à graça de Deus, estará em condições de amadurecer mais depressa nas virtudes humanas, assim como o ramo sadio da videira tem condições de receber a vitalidade da seiva, ao passo que o ramo fraco ou quebrado a desperdiça.

São Josemaria recordava muitas vezes esta realidade. "Quando uma alma se esforça por cultivar as virtudes humanas — dizia —, o seu coração já está muito perto de Cristo... As virtudes humanas são o fundamento das sobrenaturais... Se o cristão luta por adquirir essas virtudes, a sua alma dispõe-se a receber com eficácia a graça do Espírito Santo. E as boas qualidades humanas ficam reforçadas com as moções que o Paráclito introduz na alma" (*Amigos de Deus*, nn. 91 e 92).

Por ora, terminamos esta reflexão. Resta ainda uma consideração necessária para captar bem o que são as virtudes humanas de um bom cristão. Vamos focalizá-la no próximo capítulo.

10. MAIS SOBRE A ALMA DAS VIRTUDES

Riquezas da seiva divina

Como acabamos de ver, a seiva que santifica o cristão e o transforma em filho de Deus — a graça do Espírito Santo —, é um dom divino. Mas esse dom não vem sozinho. Juntamente com a graça santificante e de modo inseparável, o Espírito Santo nos comunica:

— As virtudes teologais (fé, esperança e caridade), que são virtudes "infusas", capacidades sobrenaturais que Deus infunde na alma.
— E os sete dons do Espírito Santo (sabedoria, inteligência, conselho, fortaleza, ciência, piedade e temor de Deus).

As virtudes teologais e os dons, mais as virtudes humanas elevadas pela graça, constituem o que o *Catecismo* chama "o organismo da vida sobrenatural do cristão" (n. 1266).

Esse organismo espiritual pode estar vivo pela graça, pode estar "em coma" pela tibieza, ou morto pelo pecado. É preciso ter o organismo forte e sadio, pela correspondência à graça, porque só então seremos capazes de pensar, sentir e agir com Cristo e como Cristo, ou seja, como filhos de Deus; e teremos condições de crescer — como diz São Paulo — até *o estado de homem perfeito, até a estatura de Cristo em sua plenitude* (Ef 4,13).

As virtudes teologais

As virtudes teologais, à diferença das humanas, não podem ser adquiridas pelo nosso esforço. O *Catecismo* lembra que "são infundidas por Deus na alma dos fiéis para tomá-los capazes de agir como seus filhos e merecer a vida eterna" (n. 1813). Por isso se chamam "virtudes infusas". Não se recebem como virtudes já perfeitas, maduras, mas como qualidades sobrenaturais que nos capacitam para realizar, livremente, atos de fé, de esperança e de amor, e para ir amadurecendo nesses hábitos.

As três virtudes teologais, ensina ainda o *Catecismo*, "adaptam as faculdades do homem para que possa participar da natureza divina...; animam e caracterizam o agir moral do cristão; informam e vivificam todas as virtudes morais" (nn. 1812 e 1813).

Convém prestar atenção a esta última frase: "informam e vivificam todas as virtudes morais". Quer dizer que as virtudes humanas, juntamente com a graça que as eleva — como víamos no capítulo anterior —, recebem a influência sobrenatural da fé, da esperança e da caridade, que lhes comunicam sua "qualidade própria", uma qualidade cristã.

A prudência, a justiça, a fortaleza, a temperança, vivifica- das pelas virtudes teologais, se tornam "virtudes cristãs" e passam a ser, como dizia Santo Agostinho, "atos de amor"; são o amor sobrenatural cristão em atividade (cf. *Epístola* 167, 15).

Coisa análoga deve-se dizer dos dons do Espírito Santo, também infundidos gratuitamente por Deus. Diferenciam-se das virtudes teologais em que estas — como acabamos de lembrar — pedem-nos exercitar livremente a capacidade recebida de Deus, ou seja, fazer *atos de fé*, esperança e amor. Pelo contrário, os dons do Espírito Santo dependem totalmente de Deus e a nós somente nos pedem (e não é pouco!) acolhimento, *docilidade*. "São — diz o *Catecismo* — disposições permanentes que tornam o homem dócil para seguir os impulsos do Espírito" (n. 1830).

10. Mais sobre a alma das virtudes

Já desde tempos antigos utilizava-se a seguinte comparação. As virtudes são como os remos de uma barca: quer a barca, quer os remos, são dom de Deus, mas nós temos que navegar remando. Os dons do Espírito Santo, pelo contrário, são comparados às velas do barco. Não somos nós que lhes damos o impulso, mas o sopro do Espírito (cf. Jo 3,8). Da nossa parte, precisamos ter as velas (as boas disposições) desfraldadas, para acolher prontamente as moções e inspirações — os "sopros" — de Deus.

Influxo das virtudes teologais sobre as morais

Lembremos mais uma vez que o *Catecismo* diz que a fé, a esperança e o amor "informam e vivificam todas as virtudes morais" (n. 1813): dão-lhes uma "forma", uma "vida", um "estilo" divinos.

Vamos exemplificar esse influxo, abrindo breves janelas de observação da ação de cada uma das três virtudes teologais sobre as virtudes humanas.

Uma janela sobre a fé

Sem entrar em profundidades teológicas, e só para nos entendermos, podemos dizer que a fé consiste em ver tudo — Deus, o homem e o mundo — "com os olhos de Cristo". Assim rezava com frequência São Josemaria: "Que eu veja com teus olhos, Cristo meu, Jesus da minha alma!".

A pessoa que tem fé pode dizer como São João: *Nós conhecemos o amor de Deus e acreditamos nele* (1Jo 4,16). Essa fé viva torna-se uma força poderosa para praticar em alto grau uma série de virtudes humanas, que a visão mundana, materialista e hedonista, é incapaz de compreender: como o desprendimento, a fidelidade, a abnegação, o espírito de sacrifício...

"A fé — diz Bento XVI — gera em nós a certeza vitoriosa de que Deus é amor. Deste modo, transforma as nossas impaciências e as nossas dúvidas em esperança segura" (cf. Enc. *Deus caritas est*, n. 39). Nenhuma dificuldade ou hostilidade nos faz perder as virtudes da coragem e da perseverança, porque sabemos, pela fé, que existe a Providência divina, que Deus nos ama e *tudo encaminha para nosso bem* (Rm 8,28).

O homem de fé não hesitará em abraçar renúncias (abnegação) a serviço do ideal cristão de santidade e de apostolado, e até em entregar-se totalmente a si mesmo — com fortaleza e generosidade —, para servir a Deus e aos irmãos.

Uma janela sobre a esperança

A virtude teologal da esperança é suporte poderoso para a alegria e o otimismo, qualidades humanas que um cristão deveria possuir habitualmente. Ela faz crescer, com uma potência superior às forças humanas, as virtudes da magnanimidade (aspirar a metas grandes e difíceis), da audácia (enfrentar e vencer o medo dos obstáculos e fracassos) e da humildade (que não é covardia nem desânimo, mas consciência da nossa fraqueza e confiança na luz e na força de Deus).

Como diz Bento XVI, "a esperança manifesta-se praticamente nas virtudes da paciência, que não esmorece no bem, nem sequer diante de um aparente insucesso, e da humildade, que aceita o mistério de Deus e confia nele mesmo na escuridão" (Ibid., n. 39).

A esperança vivifica também a virtude da mansidão (que passa por cima da ira, da tristeza e da revolta, reações amargas da alma pessimista); e comunica serenidade perante a morte, sabendo que depois dela, se formos fiéis, nos espera o abraço eterno de Deus. Eleva ainda a um novo patamar a paciência em face da dor, pois, para o cristão que tem esperança, a Cruz é fonte de graças para esta vida e para merecer a vida eterna.

10. Mais sobre a alma das virtudes

Por isso, São Paulo exclamava: *Se Deus é por nós, quem será contra nós?... Quem nos separará do amor de Cristo? A tribulação? A angústia? A perseguição?... Mas em todas essas coisas somos mais que vencedores pela virtude daquele que nos amou!* (Rm 8,35-37).

Uma janela sobre a caridade

A caridade é a virtude que funde inseparavelmente o amor a Deus e o amor ao próximo. "É a virtude teologal pela qual amamos a Deus sobre todas as coisas, por si mesmo, e ao nosso próximo como a nós mesmos, por amor de Deus" (*Catecismo*, n. 1822). *Jesus deu a vida por nós* — escreve São João —; *e também nós devemos dar a nossa vida pelos nossos irmãos* (1Jo 3,16).

A caridade — ajudada pelo dom de sabedoria — faz-nos colocar, com muita alegria, o amor de Deus acima de qualquer outro amor, desejo ou prazer. Ela engrandece, assim, por exemplo, as virtudes humanas da generosidade, da lealdade e da fidelidade. Com ajuda do dom de ciência, vivifica a prudência, levando a discernir, em todas as circunstâncias, *qual é a vontade de Deus, o que é bom, o que lhe agrada, o que é perfeito* (Rm 12,2). E, enfim, como já vimos, dá o cunho de plenitude a todas as virtudes humanas do cristão: *a caridade* — como diz São Paulo — é o vínculo da perfeição (Cl 3,14), o laço que enfeixa e liga todas as virtudes na harmonia perfeita do amor.

Bento XVI resume a influência vivificante da caridade escrevendo: "O amor divino é a luz — fundamentalmente, a única — que ilumina incessantemente um mundo às escuras e nos dá a coragem de viver e agir... Viver o amor e, desse modo, fazer entrar a luz de Deus no mundo" (Ibid., n. 39).

Quando consideramos a caridade na sua segunda dimensão — a do amor ao próximo —, percebemos que ela vitaliza especialmente as virtudes humanas que se referem ao relacionamento com os outros, como expõe maravilhosamente São Paulo no capítulo 13 da primeira Carta aos Coríntios: *A caridade é paciente, a caridade é bondosa. Não tem inveja. A caridade não é orgulhosa. Não é arrogante. Nem escandalosa. Não busca os seus próprios interesses, não se irrita, não guarda rancor. Não se alegra com a injustiça, mas se rejubila com a verdade. Tudo desculpa, tudo crê, tudo espera, tudo suporta* (1Cor 13,4-7). Um elenco de virtudes humanas que a caridade desperta, fortalece e impregna de valor sobrenatural.

Com isso, terminamos estas reflexões sobre a "seiva" das virtudes. Tudo o que comentamos poderia resumir-se nesta frase-síntese de São Josemaria: "Nada aperfeiçoa tanto a personalidade como a correspondência à graça" (*Sulco*, n. 443).

Segunda Parte
A AQUISIÇÃO DAS VIRTUDES

11. Formação

Não nascemos com virtudes morais

Acabamos de ver, nos dois capítulos anteriores, que "as virtudes humanas são purificadas e elevadas pela graça divina" (*Catecismo*, n. 1810); e que "as virtudes teologais [fé, esperança, caridade] informam e vivificam todas as virtudes morais" (Ibid., n. 1813).

Mas, como é evidente, não se pode "purificar, elevar, informar e vivificar" o que não existe. Acontece que as virtudes humanas não brotam como capim nem surgem por geração espontânea. Temos que adquiri-las, conservá-las e cultivá-las com esforço. E o que nos lembra o *Catecismo*: "são adquiridas humanamente... como frutos de atos moralmente bons" (cf. n. 1804).

Como orientar esse esforço por conseguir virtudes? Mais uma vez o *Catecismo* vai nos ajudar. Diz, sinteticamente, que se adquirem por três caminhos:

— Pela educação;
— Por atos deliberados;
— Por uma perseverança sempre retomada com esforço (cf. n. 1810).

Cada um desses itens merece um ou vários comentários, que procuraremos fazer agora e nos próximos capítulos, a começar pela reflexão sobre o primeiro ponto: a educação.

As virtudes e a educação

Vejamos uma comparação que nos pode introduzir no tema. Num jardim bem cuidado, crescem árvores e plantas, desabrocham flores, há frutos. Acima de tudo — se o jardim foi planejado e é cuidado dia a dia com carinho e arte — existe uma harmonia que lhe dá unidade, beleza e atrativo. Tem a sua "personalidade". Está-se bem nele. Ali se caminha agradavelmente. Proporciona um clima de paz, descanso e grato convívio.

Coloque agora, junto desse quadro, um terreno baldio, com as mesmas condições de tamanho, configuração topográfica, qualidade de solo, umidade e insolação. Que verá ali? Mato em desordem, intransitável, cheio de espinhos, lixo e sujeira; um cheiro desagradável, invasão de bichos, cultura de mosquitos e germes transmissores de doenças.

Como já percebeu, o jardim simboliza a vida em que as virtudes foram cultivadas, e o baldio a vida largada, que cresceu sem virtudes.

O descuido da educação

As virtudes se adquirem, em primeiro lugar, pela educação, diz o *Catecismo*. Ora, "educação" aqui não tem o sentido limitado de "instrução", preparo técnico, escolaridade. Traduz-se melhor por *formação*: formação moral, formação nas virtudes.

Os primeiros responsáveis pela formação nas virtudes são os pais. Os segundos, os mestres e orientadores. Sempre, nós mesmos. Como mencionaremos adiante, a pessoa adulta é responsável por si mesma; tem que assumir o dever — grave — de formar-se, procurando os meios oportunos.

Começando pela formação na infância e na adolescência, você acha que são muitos os pais e as escolas que se preocupam com a formação nas virtudes? É pena que sejam tão poucos, porque

11. Formação

O descuido dessa formação produz, no mínimo, duas consequências muito negativas:

— Por um lado, os defeitos temperamentais da criança ou do adolescente lançam raízes cada vez mais fortes e difíceis de arrancar;

— Por outro, deixa-se crescer os filhos e os alunos com uma ignorância quase total sobre as virtudes mais básicas e o seu valor: a fortaleza, a ordem, a sinceridade, o desprendimento, a afabilidade, a delicadeza, a cortesia, a paciência, a compreensão, a abnegação... Não sendo conhecidas nem valorizadas, também não são praticadas. Produz-se então uma séria "insuficiência moral de base", muito mais grave e perigosa que qualquer insuficiência cardíaca, renal ou pulmonar.

Um doente físico pode ter uma vida fecunda, santa, genial (vimos isso no capítulo quinto, ao tratarmos das limitações). Mas um "deficiente moral" está sempre à beira de se desintegrar e de arruinar moralmente tudo o que toca: a família, a criação dos filhos, as amizades, a honestidade profissional...

Dois contrastes

Exemplificando um pouco, imagine um garoto com forte tendência para a irritabilidade e o egoísmo. Coloque-o junto de uma mãe que o mima e receia contrariá-lo (para não criar "traumas"), acrescente-lhe avós de coração mole que lhe satisfaçam todos os caprichos, envie-o a uma escola sem valores definidos ou guiada por psicologismos de almanaque, e terá uma figura humana destruída desde a infância. Cada vez mais teimoso, cada vez mais violento ao ser contrariado, cada vez mais insuportável, tirânico, invejoso, trapaceiro, ambicioso... Pais e mestres que o desgraçaram, por descurarem a formação nas virtudes, acharão que eles não têm culpa, que se trata apenas, "infelizmente" (!), de problemas psiquiátricos ou do ambiente, inevitáveis...

Viremos a folha, e imaginemos outra criança, uma menina que, tendo os mesmos traços temperamentais desde o berço — irritabilidade e egoísmo — teve a felicidade de ser formada nas virtudes dentro de um lar cristão exemplar, frequentou uma escola que valorizava muito as virtudes e estava voltada para a "formação integral da pessoa" (e não só para o futuro profissional).

Pouco a pouco, irá crescendo uma moça que, como um diamante bruto, lapidado dia após dia com delicada firmeza, se tornará um esplêndido brilhante. Aparadas as arestas do mau caráter, encaminhados os ímpetos egoístas para objetivos generosos, ensinando-a a "conviver", a compartilhar os objetos pessoais (desde os primeiros brinquedos), o tempo, o lazer, com irmãos e colegas; a colaborar em alguma iniciativa de serviço aos necessitados..., essa moça, mal sair da adolescência, vai apresentar uma personalidade madura, aberta, forte, atraente.

Não estou teorizando. Os dois exemplos — o positivo e o negativo — redigi-os pensando em tipos reais de pessoas que conheci.

Formação: um dever importante

A formação nas virtudes não é, como poderiam sugerir os exemplos que acabo de expor, a tarefa de uma fase inicial da vida — o período de formação —, embora a infância e a adolescência tenham, neste sentido, uma importância capital. "A formação não acaba nunca", gostava de repisar São Josemaria.

É verdade, nunca estamos suficientemente formados. Isso é evidente para um cristão que sabe que o amor, que é a vitalidade das virtudes, *não tem fim*, como dizia São Paulo (1Cor 13,8). "O amor nunca está "concluído" e completado — escrevia Bento XVI transforma-se ao longo da vida, amadurece... E próprio da maturidade do amor abranger todas as potencialidades do ser humano e incluir, por assim dizer, o ser humano em sua totalidade" (*Deus caritas est*, n. 17).

11. Formação

Sendo assim, devemos assumir todos nós a tarefa da formação nas virtudes, como um dever urgente e permanente.

Dever de pais e educadores

Pais e educadores têm, nessa tarefa formativa, um papel insubstituível. Os pais não podem limitar-se a dar carinho e a ter boa vontade; e os educadores, a ficar ministrando aulas com didática e bom conteúdo técnico. Ninguém pode formar "pessoas" estando despreparado e confiando na improvisação. É necessário um preparo especializado, a troca de experiências com pessoas maduras, a renovação constante, o estudo da ciência da orientação familiar..., e, acima de tudo, a vivência pessoal. Formar sem dar exemplo é vender gato por lebre, é enganar, é deformar.
Vocês, pais, já ouviram falar de Cursos de orientação familiar? Há vários excelentes, com longa experiência internacional, guiados por um profundo sentido cristão. Vejam se não está na hora de recorrer a eles, para cobrir — quem sabe — uma omissão de anos, ou para prevenir omissões futuras. Na mesma linha, já ouviram falar de cursos que preparam para a formação de adolescentes, por exemplo, o curso chamado "Proteja seu coração"? Vale a pena conhecê-lo.
Quanto à força primordial e insubstituível do exemplo, leia estas palavras de São Josemaria Escrivá: "Os pais educam fundamentalmente com a sua conduta. O que os filhos e as filhas procuram no pai e na mãe não são apenas uns conhecimentos mais amplos que os seus, ou uns conselhos mais ou menos acertados, mas algo de maior categoria: um testemunho do valor e do sentido da vida encarnados numa existência concreta, confirmados nas diversas circunstâncias e situações que se sucedem ao longo dos anos" (É Cristo que passa, n. 28).[1]

---

1 Se tiver interesse em se aprofundar neste assunto, posso sugerir-lhe o livro

Dever pessoal de todos

Gostaria de lembrar ainda que, quando Cristo nos convida a segui-lo, não faz distinção de idades. A mesma chamada para ser discípulo e andar pelo caminho cristão receberam o adolescente São João e o ancião Nicodemos, aquele que perguntou a Jesus, de noite: *Como pode um homem nascer sendo velho?* E o Senhor fez-lhe ver que o Espírito Santo pode mudar todos os que a ele se abrem com sinceridade, seja qual for a sua idade, pois sempre se pode *nascer de novo e o Espírito sopra onde quer* (cf. Jo 3,4-8).

Portanto, é para todos, em qualquer idade ou situação, o que diz O *Catecismo*: "As virtudes humanas..., com o auxílio de Deus, forjam o caráter e facilitam a prática do bem. O homem virtuoso sente-se feliz em praticá-las" (n. 1810). Todos temos que ir "forjando o caráter", sobre a base das virtudes.

Por deficiente que tenha sido a sua formação até hoje, escute Cristo que lhe diz, como ao paralítico da piscina: *Levanta-te e anda* (Jo 5,8). Comece! Não tenha medo do esforço, porque Cristo, se você confiar nele, lhe estenderá a mão e, se for preciso, o ajudará a andar por cima de seus velhos defeitos, como ajudou Pedro a andar sobre o lago encrespado (cf. Mt 14,31).

Nos capítulos que seguem, procuraremos ver em que consiste, na prática, a luta por adquirir e melhorar as virtudes humanas. Peça a Deus que nos ajude a enxergar caminhos claros... e "andadeiros", ao alcance de nós.

A força do exemplo, Ed. Quadrante, São Paulo, 2005.

12. Formação: conhecer e amar

Continuando a nossa reflexão anterior (Cap. 11), vamos considerar agora que a formação começa pelos *olhos*, que veem o exemplo das virtudes; passa pelo *coração*, que se encanta com elas; e chega até à *cabeça*, que as quer compreender.

As virtudes entram pelos olhos

Falávamos do exemplo dos pais e educadores. É verdade que aquele que não "viu" as virtudes "ao vivo" nessas pessoas, ou pelo menos em parentes (abençoados avós!) colegas e amigos, não consegue entender nem a importância nem a essência das virtudes. Vê a moral das virtudes só como um conjunto de imposições ou de mandamentos frios.

A pessoa que teve uma mãe que sabia escutar pacientemente, que não se queixava das dores e problemas, que não dava rédeas à indignação, que animava muito mais do que exigia, que sabia desculpar os erros dos filhos, ensinando-os a se corrigirem..., essa mãe fez entrar pelos olhos dos filhos as virtudes, com uma beleza que nunca esquecerão: a paciência, a mansidão, fortaleza, compreensão, humildade, otimismo... da mãe. Guardarão até a morte a imagem inesquecível da mãe.

"Ver", como todos compreendemos, é algo decisivo. Pois bem, onde podemos enxergar o máximo exemplo e a maior beleza das virtudes? Sem dúvida, na vida de Jesus Cristo, *perfeito Deus e perfeito homem* (*Quicumque*).

Contemplar as virtudes de Cristo

Um meio de formação insubstituível para ver e amar as virtudes é, portanto, "contemplá-las" em Cristo, na vida de Jesus tal como a mostram os Evangelhos. Uma pessoa que nunca se tenha emocionado, que nunca tenha feito descobertas felizes e vibrantes ao contemplar a vida de Jesus e descobrir suas virtudes, com certeza ainda está no "prezinho", se não no "pré-natal" da vida cristã.

São Paulo fala, com razão, da *insondável riqueza de Cristo* (Ef 3,8). Por mais que se conheça e medite a vida de Nosso Senhor, nunca se acaba de descobrir tudo, nunca se atinge o fundo.

"A vida com Jesus — diz o Papa Francisco — se torna muito mais plena e, com Ele, é mais fácil encontrar o sentido para cada coisa" (*Evangelii Gaudium*, n. 266).

É por aí que deve começar a formação nas virtudes: "descobrindo-as" em Cristo, meditando-as na sua vida, deixando que seu exemplo mexa com as fibras mais íntimas da alma, e mova a vontade a agir. Já refletiu, por exemplo, em frases do Evangelho como estas:

— *Aprendei de mim, que sou manso e humilde de coração* (Mt 11,29). Não viu a humildade de Jesus na sua vida de trabalho no lar de Nazaré? E a sua paciência humilde e carinhosa com os pecadores, até mesmo com os que o crucificavam? E a humilhação da Paixão, aceita por nossa salvação?

— *Amai-vos uns aos outros, como eu vos amei* (Jo 15,12). Como é que nos amou Jesus? Nunca o verá pensando em si, só dando-se. Nunca se poupou. Deu até a última gota do sangue pelo nosso bem. Realizou o que ensinou: *Ninguém tem maior amor que o que dá a vida por seus amigos* (Jo 15,13).

— *Dei-vos o exemplo, para que, como eu vos fiz, assim façais também vós* (Jo 13,15). Palavras que Jesus disse após lavar os pés dos Apóstolos, ato que simboliza uma atitude constante de sua vida: o espírito de serviço. Lembra-se de como Ele falava disso?

12. FORMAÇÃO: CONHECER E AMAR

Todo aquele que quiser tornar-se grande entre vós, faça-se vosso servidor..., assim como o Filho do Homem [Cristo], *veio, não para ser servido, mas para servir e dar a vida para redenção de muitos* (Mt 20,26-28).

São apenas algumas "amostras". A riqueza do Evangelho, inesgotável e inexplorada, está à espera de sua leitura e meditação diária.

Conhecer as vidas dos santos

Falamos de Cristo e devemos convir em que nenhum cristão pode refletir plenamente todas as virtudes d'Ele.

Mas os santos têm uma particularidade. Em todos eles, Cristo se reflete como num espelho. "Eu vi Deus num homem", dizia um descrente após visitar o Santo Cura d'Ars.

Mas, será que Cristo se reflete inteiro em cada santo? Não. Todos nós, também os santos, somos limitados e cheios de falhas. Deus, porém, espelha em cada um dos santos algumas das suas virtudes, que destacam entre as muitas outras que os santos praticaram.

Tais virtudes concretas, por um lado, são a "carteira de identidade" de cada santo, o traço marcante da sua personalidade cristã; por outro, são "cátedras" práticas para aprendermos o ensinamento de Jesus sobre essas virtudes específicas.

Por exemplo, em São Francisco de Assis destacam as virtudes cristãs — aprendidas de Cristo — da pobreza e da humildade; em Santa Teresa de Ávila, o amor à oração e uma incrível coragem; em São Francisco de Sales, a mansidão e a arte de compreender as almas; em São Filipe Neri, a alegria e o bom humor dos filhos de Deus; na Madre Teresa de Calcutá, a caridade heroica; em São Josemaria Escrivá, o amor ao trabalho santificado e à grandeza da vida cotidiana; em São Thomas More, a lealdade aos ditados da consciência e a fidelidade à Igreja...

Leia boas vidas de santos (aconselhando-se com quem possa dar-lhe orientação), assista a filmes sobre alguns deles (há bastantes muito bons). Verá que os santos lhe ensinam com a vida mais do que muitos livros.

As virtudes "descem" dos olhos ao coração

Todo aquele que viu a beleza das virtudes (em Cristo, nos santos, em outras pessoas boas) tem os mesmos sentimentos que os discípulos de Emaús, depois de terem sido esclarecidos por Jesus: *Não é verdade que o coração ardia dentro de nós, quando Ele nos falava pelo caminho e nos explicava as Escrituras?* (Lc 24,32).

O coração que vê virtudes autênticas, as admira e as deseja. Nasce e cresce dentro dele a vontade de procurar, de aprender, de praticar essas virtudes, de fazer delas os verdadeiros "valores" da vida; e de ajudar outros a fazerem a mesma descoberta.

Só com esse calor do coração — que afinal é calor de amor, aquecido pela graça de Deus é que podemos empreender e manter a luta pelas virtudes, essa batalha que, como veremos, dura a vida inteira.

Lembro que São Josemaria falava disso com um exemplo bem expressivo. Recordava que alguns punhais e espadas antigos traziam gravadas estas palavras: "não confies em mim se te falta coração". Alertavam assim os que os empunhavam, fazendo-lhes ver que de nada lhes serviria ter uma boa arma e um braço forte, se lhes faltava o coração, a coragem de quem está disposto a bater-se por amor a um bem: por amor a Deus, por amor à pátria, por amor à justiça, por amor à vida própria ou alheia...

Você já sentiu esse calor interior, que dá coragem e impele à luta, por árdua que seja? Se ainda não teve essa alegria, decida-se a abrir mais os olhos, a contemplar e admirar melhor, até que a luz da beleza vista se torne chama no coração.

12. Formação: conhecer e amar

As virtudes "sobem" do coração à cabeça

Quando o coração arde em nós, aquecido pela beleza do bem contemplado, então experimentamos a necessidade de refletir mais seriamente sobre as virtudes, de conhecer a doutrina sobre elas, de aprofundar o mais possível em cada uma.

Pense: Se alguém lhe perguntasse "em que consiste a virtude da prudência", que responderia? Se insistisse indagando qual a diferença entre prudência, cautela e astúcia, você engasgaria? E se lhe pedisse que explicasse as diversas classes de justiça, ou quais são os campos da vida em que se deve exercitar a temperança, será que não gaguejaria?

É melhor reconhecer: "Não conheço quase nada", "Não me ensinaram quase nada", "Sou mais uma vítima da pedagogia do ensaio permanente e do algodão doce..."

Então, mãos à obra. A cabeça precisa de estudo, com um plano progressivo, que vá do mais simples ao excelente. Conhece o catecismo? Não me diga: "Já não sou criança", porque responderei que a ignorância não é privilégio de nenhuma idade. Muitos, depois dos setenta anos, precisam aprender ainda o ABC da fé e da moral.

Sem esforço, nada se aprende. Vou sugerir-lhe três esforços, que estão ao alcance de qualquer um:

1º) Leia e medite a parte específica — breve — dedicada às virtudes no *Catecismo da Igreja Católica* (nn. 1803 a 1829), e no *Compêndio do Catecismo da Igreja Católica* (nn. 378 a 388).

2º) Ganhe o hábito de ler diariamente uns minutos de um bom livro de espiritualidade. Em quase todos eles encontrará ensinamentos práticos sobre as virtudes.

Entre os mais clássicos, podem mencionar-se a *Introdução à vida devota* [*Filoteia*], de São Francisco de Sales; *A prática do amor a Jesus Cristo*, de Santo Afonso Maria de Ligório; a coletânea de homílias de São Josemaria Escrivá sobre virtudes, intitulada *Amigos de Deus*, e o livro *Sulco* (reflexões sobre virtudes humanas), do mesmo autor.

3º) Se desejar um aprofundamento maior, do ponto de vista filosófico e teológico, procure o livro *As virtudes fundamentais*, de Joseph Pieper, e a obra *Fundamentos de antropologia*, de Ricardo Yepes Stork e Javier Aranguren Echevarría.

E nunca esqueça que, se deixa de ler e estudar por preguiça, isso será sinal de que está esfriando o calor do seu coração.

13. VONTADE: ATOS DELIBERADOS

Atos deliberados

A formação — dizíamos — é um caminho necessário para adquirir as virtudes e, por isso, meditamos nos três passos que devem ser seguidos: contemplar exemplos de virtudes, deixar-nos cativar pela sua beleza, e aprofundar intelectualmente nelas (Cap. 12).

Falta, porém, um quarto passo, sem o qual os outros três ficariam sendo mera teoria: a *decisão* de viver, na prática, dia a dia, as virtudes. O *Catecismo* quando diz que "as virtudes humanas são adquiridas pela educação", acrescenta: e "por *atos deliberados*" (n. 1810).

"Atos deliberados" não são teorias. Devem ser mesmo "ações" realizadas com "deliberação", ou seja, pensando e querendo.

Lembre-se que há atos em si mesmos bons, mas que não são deliberados.

Atos não deliberados

Não são deliberados, concretamente:
— Os atos puramente mecânicos, sempre repetidos, tão habituais que perderam o sentido. Todos temos vários desses atos "bons" automáticos, desde saudações rotineiras até orações costumeiras. Não são hábitos virtuosos, isto é, uma sequência de

atos pensados e queridos que geram virtudes; são meras "habituações", repetições mecânicas.

A este propósito, vem-me à memória um filme antigo, da época do neorrealismo italiano, protagonizado por Aldo Fabrizi, ator então muito popular. Encarnava no filme a figura de um operário que sobe num bonde de manhã cedo, sonolento e mal-humorado. Ao pagar o bilhete cumprimenta o cobrador, como todos os dias, resmungando um *"Buon giorno"* — "Bom dia".

O cobrador responde, aborrecido: "Não custa nada cumprimentar!". O outro se irrita: "Mas se acabo de dizer: *Buon giorno*". E o cobrador retruca: *Ma c'è Buon giorno e Buon giorno!"* — "Mas há 'Bom' dia e 'Bom dia!'"... Tinha toda a razão.

— Também são "indeliberadas" certas *rotinas* no trabalho, no relacionamento familiar, na prática religiosa. Acontece isso quando cada dia é uma vulgar fotocópia do dia ou da semana anterior, uma fotocópia cada vez mais esbatida, mais amarela e esvaziada de sentido. Não acha que essa má rotina já foi causa de muitas decadências familiares, de declínios profissionais e de esmorecimentos religiosos...?

— Tampouco são "deliberados" comportamentos habituais, bons em si, mas que são apenas "reativos". Não procedem de um querer lúcido, mas do "instinto" de "ficar bem" perante determinadas pessoas ou ambientes.

— De modo geral, como já sabe, também não são virtuosos os comportamentos viciados por uma intenção torta, como o interesse, a vaidade, o desejo de humilhar os outros e o exibicionismo.

"Deliberações" decisivas

Todos precisamos dar, na vida, viradas decisivas, sem as quais só teremos "continuísmo": rotina e decadência. Essas viradas dependem, normalmente, de decisões refletidas — "agora vejo!", "não posso continuar assim!" —, assumidas com uma vontade (um

13. Vontade: atos deliberados

querer) eficaz. Por exemplo, decidirmo-nos a largar um vício; a parar de hesitar quando fica claro que devemos dizer "sim" sem mais delongas a uma vocação, a uma conversão, ao casamento, a ter mais um filho, a pedir perdão.

A partir de uma decisão dessas, sincera, a vida pode entrar numa nova "rota de virtudes", que nos eleve muito, humana e espiritualmente. Naturalmente, a "conversão" é apenas o detonador de muitos atos virtuosos que deveremos praticar (falaremos disso no próximo capítulo).

Isso foi o que aconteceu com Santo Agostinho quando, após anos de reflexão, oração, hesitação, medo e angústia, resolveu pôr ponto final aos desvarios, abraçar fé católica, praticar a castidade e receber o batismo. Com a ajuda de Deus, foi o início de um dos roteiros mais maravilhosos de santidade, virtudes heroicas e sabedoria cristã da história.

Para isso, porém, é preciso que a vontade não fique num "desejaria", mas que seja um "quero" formulado com toda a alma. Quantas vezes não se poderiam aplicar a nós estas palavras: "Um querer sem querer é o teu" (*Caminho*, n. 714).

Temos "boa vontade" ou "vontade boa"?

Há um ditado que diz que "o inferno está cheio de boas vontades", daquelas vontades que, na realidade, não querem.

Para ter virtudes autênticas, insisto, são necessárias decisões iniciais firmes — "vontades boas" —, que nos lancem a assumir, com coragem e fé em Deus, uma luta prolongada, com empenho incessante concretizado por meio de muitos atos deliberados pequenos e constantes. Só assim se forja o caráter e a personalidade do cristão.

Lembra o que dizia São Paulo? "Nas corridas de um estádio, todos correm, mas bem sabeis que um só recebe o prêmio. Correi, pois, de tal maneira que o consigais" (1Cor 9,24).

Não sei se corremos dessa maneira atrás das virtudes. Mas seria muito bom que o fizéssemos, começando por algumas, bem claras e definidas.

Pense: Que metas de virtude tenho agora? Que corrida quero vencer? Talvez lhe custe dar uma resposta. Sabe por quê? Porque não pensa na vida como deveria fazê-lo.

Aquele que não se esforça por ter frequentemente momentos tranquilos e sinceros — paradas no meio da agitação diária — para meditar sobre a vida, fazer balanço e tirar conclusões, está se condenando a "ir tocando o barco" e a chegar ao porto errado, com o barco vazio de virtudes e cheio de rotina e entulho.

Alguns meios para conseguir "deliberações decisivas"

É impossível decidir-se a ganhar virtudes sem meditar sobre elas, sem oração mental séria, sem exame de consciência frequente. "É que não sei fazê-lo" — talvez me diga. Não seja por isso. Não custa nada aprender, treinar e conseguir.[2] Para começar, sugiro-lhe o seguinte:

— Logo que for possível e tiver um mínimo de preparo, faça um retiro espiritual;

— Veja o modo de participar (semanalmente, mensalmente...) de palestras ou meditações de espiritualidade cristã, para "abrir" os olhos e enriquecer a mente e o coração;

— Decida-se a dedicar todos os dias um tempo fixo a uma leitura meditada da Bíblia (todo cristão deveria fazê-lo!) e de algumas obras de espiritualidade cristã; mas que seja uma leitura refletida e "aplicada" às realidades da sua vida atual;

---

2 Se desejar conhecer mais a fundo o modo de praticar esses meios de formação espiritual, pode ser útil ler o livro *Para estar com Deus*, São Paulo, 2012, da Ed. Cultor de Livros.

14. Luta: concretizar

— Com toda a liberdade, sugiro-lhe que procure alguém que lhe possa dar, com regularidade — por exemplo, mensalmente uma orientação espiritual cristã: um diretor espiritual que conheça sua vida, seus problemas, suas aspirações e suas lutas, seus avanços e seus tropeços, e possa aconselhá-lo;

— Defina já, antes de passar para o próximo capítulo, a virtude mais "urgente", a que mais falta lhe faz, e aponte para ela todas as baterias espirituais, de grosso e médio calibre (orações, sacrifícios, sacramentos, etc.), sob a moderação do orientador da sua alma...

São Josemaria dizia que, "de certo modo, a vida humana é um constante retorno à casa do nosso Pai. Retorno mediante a conversão do coração, que se traduz no desejo de mudar, na decisão firme de melhorar de vida, e que, portanto, se manifesta em atos de sacrifício e de doação." (É Cristo que passa, n. 64).

Peça a Deus essa resolução firme, que tantas vezes nos falta. Peça-lhe um "querer que queira". Diga a seu coração que deseja ser sincero. E sinta o estímulo dos santos, que agiram assim, foram felizes e souberam fazer felizes os demais.

Oxalá todos nós pudéssemos fazer com plena sinceridade a oração que fazia São Josemaria Escrivá: "Meu Deus, quando é que me vou converter?" (*Forja*, n. 112).

14. Luta: concretizar

Resoluções e concretizações

Toda *resolução* de conversão, de mudança profunda, tem que se desdobrar depois — como já apontávamos — em decisões concretas, em *ações pontuais* no dia a dia. Esses atos, uma e outra vez praticados, geram o hábito da virtude (cf. *Catecismo*, n. 1804).

Vamos focalizar, como início de reflexão, alguns exemplos simples, que depois facilitem a nossa meditação. São umas poucas amostras de "atos deliberados" de virtude, tirados dos escritos de São Josemaria Escrivá.

Três exemplos

a) Sobre a resolução de ter paciência
— "O sorriso amável para quem te incomoda";
— "A conversa afável com os maçantes e os inoportunos";
— "Não dar importância cada dia a um pormenor ou outro, aborrecido e impertinente, das pessoas que convivem contigo" (*Caminho*, n. 173).
— "Esforça-te, se é preciso, por perdoar sempre aos que te ofendem desde o primeiro instante..." (*Caminho*, n. 452).

b) Sobre a resolução de aproveitar o tempo
— "Vence-te em cada dia desde o primeiro momento, levantando-te pontualmente a uma hora fixa, sem conceder um só minuto à preguiça" (*Caminho*, n. 191).

— "Se não tens um plano de vida, nunca terás ordem" (Ibid., n. 76)
— "Não deixes o teu trabalho para amanhã" (Ibid., n. 15)
— Esforça-te em "não deixar para mais tarde, sem um motivo justificado, essa tarefa que te é mais difícil e trabalhosa" (*Amigos de Deus*, n. 138)
— Luta para "conseguir encontrar o tempo de que cada coisa necessita" (Ibid., n. 138)

c) Sobre a resolução de praticar a castidade

— "Deus concede a santa pureza aos que a pedem com humildade" (Ibid., n. 118). [Pense que, às vezes, esse "pedir" terá que ser intenso e cheio de fé].
— "Podemos ser castos vivendo vigilantes, frequentando os Sacramentos [Confissão e Comunhão] e apagando as primeiras chispas da paixão, sem deixar que ganhe corpo a fogueira" (Ibid., n. 124)
— "Não tenhas a covardia de ser "valente"; foge!" ["foge" da ocasião de pecado] (Ibid., n. 132).
— "Não se pode andar fazendo equilíbrios nas fronteiras do mal" (*Amigos de Deus*, n. 186)...

São apenas três exemplos de decisões concretas, propósitos práticos. Bastam, por ora, esses esboços para nos mostrar que as resoluções de melhorar nas virtudes devem concretizar-se em propósitos definidos. Sobre as três virtudes mencionadas, trataremos mais extensamente na terceira parte do livro (Cap. 19, 27, 32 e 33).

Quatro pontos básicos

Critérios que deveríamos ter em conta, para conseguirmos essas lutas concretas e eficazes:

14. Luta: concretizar

1) *Primeiro*: "Onde não há mortificação, não há virtude" (*Caminho*, n. 180).
É um princípio já citado, que deveremos lembrar mais vezes até o fim do livro.
Não se podem conquistar virtudes sem mortificação, sem fazer o esforço necessário para vencer, com sacrifício, os impulsos dos vícios ou tendências que se opõem a elas: moleza, gula, sensualidade descontrolada, mau humor, falta de ordem, etc.
Mortificar é negar, *matar um mal*, único modo, muitas vezes, de garantir um bem. Pense só num exemplo muito atual: O chefe de uma empresa que, por causa de seu orgulho, é habitualmente grosseiro e injusto com os seus subordinados, só poderá empreender o caminho da conversão se — após pedir a ajuda de Deus — se decidir a mortificar seus impulsos interiores e seus hábitos externos de rudeza, arrogância e desprezo, que o levam a humilhar os outros.

2) *Segundo*: "Não "pudeste" vencer nas coisas grandes, porque não "quiseste" vencer nas coisas pequenas" (*Caminho*, n. 828).
Estamos num ponto crucial. Os hábitos virtuosos são fruto de muitos atos concretos. Pense na virtude da coragem. Arriscar a vida para salvar uma vítima de incêndio é um ato heroico. Mas só essa ação isolada — por admirável que seja — não gera a virtude. Apenas há um jeito de alcançá-la: fazer esforços "cotidianos" em pontos concretos que exijam coragem: por exemplo, empenhar-se em dizer sempre a verdade, ainda que fiquemos mal; aceitar as dores e sofrimentos sem uma queixa; sermos fiéis à ética profissional com risco de ganhar menos; ter a valentia de defender a fé católica e a Igreja em ambientes onde se zomba delas...
Aquele que é fiel nas coisas pequenas — diz Cristo — *será também fiel nas coisas grandes. E quem é injusto nas coisas pequenas, sê-lo-á também nas grandes* (Lc 16,10).
São Josemaria faz-se eco desse ensinamento do Evangelho de maneira expressiva: "Viste como levantaram aquele edifício de grandeza imponente? — Um tijolo, e outro. Milhares. Mas, um

a um. — E sacos de cimento, um a um. E blocos de pedra, que são bem pouco ante a mole do conjunto. — E pedaços de ferro. — E operários trabalhando, dia a dia, as mesmas horas... — Viste como levantaram aquele edifício de grandeza imponente?... A força de pequenas coisas!" (*Caminho*, n. 823).

3) *Terceiro: Aquele que não ama permanece na morte* (1Jo 3,14).

Já sabemos que não há virtude cristã se não é motivada pelo amor: pelo amor a Deus, pelo amor ao Bem, pelo amor ao próximo (cf. Cap. 9). Sem isso, a virtude é como uma fruta de plástico, quase igual à verdadeira..., mas não é fruta.

Perguntemo-nos: Por que faço as "coisas boas"? É por amor ou por costume? Ou será por "voluntarismo", isto é, para provar a mim mesmo que sou capaz de fazer o que me proponho?

São Josemaria, que já foi chamado "mestre da luta ascética", insiste nessa condição vital da luta para alcançarmos as virtudes:

Para o cristão — ensina — "luta é sinônimo de Amor" (Sulco, n. 158), "esforço sempre renovado de amar mais a Deus, de desterrar o egoísmo, de servir a todos os homens" (É Cristo que passa, n. 74).

4) *Quarto*: "Exame. — Tarefa diária" (*Caminho*, n. 235)

Como a saúde da alma, a saúde do corpo precisa de acompanhamento. O diabético — se não é um suicida — acompanha constantemente a glicemia; o cardíaco está sempre de olho na pressão; muitas outras enfermidades exigem o cuidado de tomar diariamente os remédios prescritos.

Também precisam de acompanhamento muitas coisas profissionais: execução de obras, prazos ou dívidas pendentes, atualizações informáticas, etc.

É lógico. O que não é lógico é que não haja o mínimo acompanhamento na construção da nossa personalidade humana e cristã, ou seja, no desenvolvimento das virtudes.

Resoluções e atos deliberados? Certo. Mas, quando se trata de lutar pelas virtudes na vida familiar, na educação dos filhos,

14. LUTA: CONCRETIZAR

na melhora do nosso caráter, na correção de falhas no trabalho, nas relações humanas, na vida espiritual..., muitos não concretizam nada ou quase nada. Tudo fica à mercê da improvisação do momento. Que acontece, então? Que praticamos aquilo que nos sai mais espontaneamente, e que costuma ser o mau gênio, o cansaço, a apatia, a vontade de relaxar, o programa de tv em casa, os caprichos e manias...

Cristo fala muitas vezes da necessidade de vigiar. Põe como modelo os empregados vigilantes, que quando o patrão volta de viagem encontra a postos, com tudo em ordem, as luzes acesas e a túnica cingida, prontos para trabalhar imediatamente (cf. Lc 12,35 ss). Jesus louva estes servidores, *fiéis e prudentes*. Mas tem palavras muito duras para aquele *servo que, apesar de conhecer a vontade do seu senhor, não a preparou* (Lc 12,47).

Pense nisso. Como preparar? Como acompanhar?

— Primeiro, procure *definir* bem seu combate para adquirir uma virtude, a que seja mais necessária no momento. Ouça São Paulo que diz que *não corra sem rumo* (1Cor 9,26);

— Segundo: não fique dando *golpes no ar* (Ibid.). Para isso, reze, medite, e proponha-se lutas concretas. Anote-as (comprometa-se consigo mesmo!), fazendo uma lista breve. Por exemplo, para melhorar a virtude da ordem, anote: "Vou deixar todos os dias a roupa no lugar, e não largada no chão". Ou, para melhorar a gentileza em casa: "Vou me esforçar, no jantar, por falar só coisas amáveis e positivas à minha esposa e aos filhos..., mortificando a minha tendência de reclamar e censurar";

— Terceiro: não vá dormir sem antes ter verificado essa brevíssima lista de propósitos. E um exame particular, um balanço diário, com o qual — como diz São Josemaria — "tens de procurar diretamente adquirir uma virtude determinada ou arrancar o defeito que te domina" (*Caminho*, n. 241).

15. Luta: perseverança

O poste e a árvore

Como já mencionamos, o n. 1810 do *Catecismo da Igreja Católica* indica três meios de adquirir virtudes. Comentamos os dois primeiros: "pela educação, por atos deliberados". Falta o terceiro: "por uma perseverança sempre retomada com esforço".

Não há perseverança em quem desiste ou interrompe o esforço antes de chegar ao fim. É preciso continuar para perseverar. Mas continuar, como?

Na rua de trás da minha casa, erguem-se, muito próximos um do outro, um poste e uma árvore. Passados os anos, ambos "continuam" a estar lá. Mas o poste só "está", cada vez mais escurecido pela poluição, cada vez mais deteriorado. A árvore — uma pitangueira longeva — encontra-se, pelo contrário, em perene processo de renovação vital: cresce, aumenta em beleza e densidade de folhagem, cobre-se na primavera de inúmeras florzinhas brancas e oferece tantas frutas que, apesar da voracidade dos sabiás e dos passantes, não se esgotam.

O poste é o símbolo da rotina. A árvore, da perseverança. Também a árvore das virtudes precisa de renovação, de crescimento, de recomeços primaveris, para dar frutos de amor e santidade.

Perseverança

São Josemaria, que tanto nos ajuda a pensar na luta pelas virtudes, escreve: "Começar é de todos; perseverar, de santos" (*Caminho*, n. 983).
E dá-nos pistas para perceber como é que deve ser a perseverança nessa luta. Vamos comentar algumas delas.

a) Perseverança refletida

O ponto de *Caminho* que acabo de citar termina dizendo: "Que a tua perseverança não seja consequência cega do primeiro impulso, fruto da inércia; que seja uma perseverança refletida".
Para perseverar, a reflexão é muito mais importante do que a emoção. A vibração inicial com que partimos à conquista de uma virtude facilmente esmorece. Passado algum tempo, podem vir ataques de canseira, de pessimismo perante as dificuldades, complexos de fracasso, tentação de pensar que tudo foi mera ilusão e que nunca conseguiremos melhorar.
Pedro Rodríguez, na edição crítica do livro *Caminho*, esclarece que foi Álvaro del Portillo quem, sendo ainda um estudante, escreveu a São Josemaria: "Passou-me o entusiasmo". E que este lhe respondeu, como se recolhe em *Caminho* (n. 994): "Tu não deves trabalhar por entusiasmo, mas por Amor; com consciência do dever, que é abnegação".
"Com Amor", esforçando-nos por cumprir a vontade de Deus, mesmo a contragosto (cf. Jo 14,15 e 23); e com "consciência do dever", que leva a refletir, a fazer oração, a exercitar a virtude da prudência pedindo conselho, para afinal encontrar a maneira prática de superar as dificuldades e os estados de ânimo negativos e formular propósitos eficazes de prosseguir na luta.

15. Luta: perseverança

b) A força da contrição

Existem duas formas de amar a Deus: a entrega filial e generosa à Vontade de Deus; e o arrependimento amoroso. Todos nós falhamos muitas vezes, apesar dos bons propósitos. A maneira de perseverar, então, é reagir como o publicano e o filho pródigo, com um pedido de perdão a Deus — *Ó Deus, tem piedade de mim, que sou um pecador; Tu sabes que eu te amo* (Lc 18,13; Jo 21,15) —, unido à resolução de levantar-nos quanto antes (cf. Lc 15,18) e de voltar a lutar com confiança, sem renunciar à meta proposta.

"De certo modo — pregava São Josemaria —, a vida humana é um constante retorno à casa do nosso Pai. Retorno mediante a contrição, mediante a conversão do coração, que se traduz no desejo de mudar, na decisão firme de melhorar de vida e que, portanto, se manifesta em obras de sacrifício e de doação. Retorno à casa do Pai por meio desse Sacramento do perdão em que, ao confessarmos os nossos pecados, nos revestimos de Cristo e nos tomamos assim seus irmãos, membros da família de Deus" (É Cristo que passa, n. 64).

c) A força da humildade

Uma das causas da desistência na luta é a amargura do fracasso: falhei de novo, não consegui me conter, não consegui calar, não consigo mudar... A autoestima vai para baixo. Dois pensamentos de São Josemaria podem devolver-nos o ânimo.

Primeiro: "O cristão não é nenhum colecionador maníaco de uma folha de serviços imaculada. Jesus Cristo Nosso Senhor não só se comove com a inocência e a fidelidade de João, como se enternece com o arrependimento de Pedro depois da queda". O que Jesus deseja — acrescenta — é "que saibamos insistir no esforço de subir um pouco, dia após dia" (É Cristo que passa, n. 75).

Segundo: Jesus quer que sejamos simples como uma criança (Mt 18,3). Como sabe, de uma criança não se esperam grandes "resultados" (como de uma empresa), mas a boa vontade de agradar os pais, ainda que seja de modo desajeitado. Deus, quando nos vê lutar humildemente, sem desistir, fica comovido, "conhecedor da nossa fraqueza, pensando: — Pobre criatura, que esforços faz para se portar bem!" (cf. *Caminho*, n. 267).

Impressiona saber que, três meses antes de falecer, já no término de uma vida santa, São Josemaria — como recorda D. Álvaro del Portillo — via-se a si mesmo "como uma criança que balbucia: estou começando e recomeçando... E assim, até o fim dos dias que me restem: sempre recomeçando. O Senhor assim o quer, para que em nenhum de nós haja motivos de soberba nem de néscia vaidade" (*Instrumento de Deus*, p. 18).

Este é o bom caminho: Enfrentar com humildade as nossas falhas, sabendo que Deus nos compreende, nos anima, e que nunca desiste de nos estender a mão, dá-nos forças para perseverar.

d) O otimismo

Somos "crianças que balbuciam", pequeninos, comparados com a grandeza de Deus. Como seria absurdo que uma criança dissesse: "Sou um fracassado!"... Daríamos risada e, depois, a consolaríamos e a animaríamos com ternura. Pois bem, é assim que Deus age conosco quando nos vê humildes.

Por isso, se nos sabemos filhos de Deus *muito amados* (Ef 5,1), vamos lutar com otimismo, independentemente dos resultados mais ou menos brilhantes que obtenhamos.

Cristo fará conosco como fez com São Pedro, após uma noite de pesca inútil. Dirá: Lança a rede guiado por mim (ou seja, continua pelo bom caminho dos teus propósitos e dos conselhos recebidos), e verás como acabas apanhando *uma grande quantidade de peixes* (cf. Lc 5,6).

15. Luta: perseverança

Aprendamos a dizer a Deus com confiança de filhos: "Viste como tudo faço mal? Pois olha: se não me ajudas muito ainda farei pior!... Quero escrever todos os dias uma página grande no livro da minha vida... Mas...saem da minha pena coisas tortas e borrões... De agora em diante, Jesus, escreveremos sempre juntos os dois" (*Caminho*, n. 882).

Além disso, o nosso otimismo, apoiado na fé, nos levará a compreender este aparente paradoxo: "Fracassaste! — Nós [os filhos de Deus] nunca fracassamos... Não fracassaste; adquiriste experiência. — Para a frente!" (cf. *Caminho*, nn. 404 e 405).

Após cada tropeço, perguntemo-nos, com paz e confiança: Que aprendi com essa falha? Que experiência tiro deste "fracasso"? Talvez tenha acontecido que planejei mal o momento ou o modo concreto de fazer o que me propus (um tempo de oração, vencer um defeito, uma ajuda ao próximo). Talvez me propus coisas muito difíceis e preciso começar por algumas mais fáceis (em vez de me propor, por exemplo, vencer toda e qualquer irritação, vou começar por evitar a irritação à mesa, quando alguém se atrasa). E pensemos que, às vezes, talvez tenhamos feito muita força, mas tenhamos rezado pouco, esquecendo que Jesus diz: *Sem mim, nada podeis fazer* (Jo 15,5).

e) O espírito esportivo

Isto nos levará a ter espírito esportivo, como ensina São Paulo a Timóteo: *Nenhum atleta será coroado, se não tiver lutado segundo as regras* (2Tm 2,5). Ele procurava lutar bem, como se verifica pelo que escreve aos filipenses: *Consciente de não ter ainda conquistado a meta, só procuro isto: prescindindo do passado atirando-me ao que resta para a frente, persigo o alvo, rumo ao prêmio celeste, ao qual Deus nos chama em Jesus Cristo* (Fl 3,13-14).

O bom esportista aprende com os fracassos, deixa-os para trás e volta a treinar, cada vez mais e melhor. Não se deixa afundar pela derrota; tem "espírito esportivo", sabe perder e sabe ganhar, e graças a esse espírito, acaba conquistando o prêmio.

Como vê, o importante é perseverar, querer lutar durante o tempo que for preciso — a vida toda —, sem jogar a toalha. O *coach* — o orientador espiritual — nos ajudará a definir a forma de melhorar o treino. E com a ajuda da graça, perseveraremos, e saborearemos estas palavras de Jesus: *Aquele que perseverar até o fim será salvo* (Mt 10,22).

16. Frutos da perseverança

Que a perseverança traga consigo um a obra perfeita, exorta *São Tiago na sua carta* (Tg 1,4). A perseverança sempre acaba dando frutos de virtudes maduras, e a virtude madura, por sua vez, produz outros frutos espirituais saborosos, alguns dos quais vamos considerar a seguir.

Abre os olhos

Nas coisas de Deus — e, portanto, nas virtudes cristãs — acontece que não se entende o que não se vive. Quando as virtudes não se exercitam, cumpre-se ao pé da letra a profecia de Isaías, que Jesus citou diversas vezes: *Ouvindo, ouvireis, mas não compreendereis; e vendo, vereis, mas não percebereis* (Mt 13,14 e Is 6,9).

É que o caminho cristão (e, em geral, todo o caminho de Deus) só pode ser visto com um coração limpo — *Os puros de coração verão a Deus* (Mt 5,8) —, esclarecido pela luz do Espírito Santo, que *ilumina os olhos do coração* (cf. Ef 1,18). Duas condições — pureza e luz sobrenatural — que se cumprem em quem luta sinceramente por praticar as virtudes, com amor e confiança em Deus.

Vejamos um exemplo. "Alguns, por aí afora — diz São Josemaria — ouvem falar de castidade e sorriem" (*Amigos de Deus*, n. 179). Pois bem, faz alguns anos li numa conhecida revista semanal este comentário sarcástico de um articulista: "A castidade é a doença sexual mais incompreensível".

Em confronto com esta cerração, o mesmo santo, que orientou milhares de jovens para valorizar a prática feliz da castidade, afirmava: "A castidade é uma afirmação jubilosa" (*Amigos de Deus*, n. 177), e esclarecia: "A castidade — a de cada um no seu estado: solteiro, casado, viúvo, sacerdote — é uma triunfante afirmação do amor" (*Sulco*, n. 831).

Aquele que, movido pelo amor cristão, se esforça por viver as virtudes, descobre, assombrado, "com cor e relevo imprevistos, as maravilhas de um mundo melhor, de um mundo novo", o universo de Deus (*Caminho*, n. 283).

Foi o que aconteceu com Santo Agostinho que, depois da conversão, não achava palavras para descrever o que os olhos de sua alma estavam vendo: "Tarde te amei, ó beleza tão antiga e tão nova, tarde te amei! [...]. Chamaste, clamaste e rompeste a minha surdez; brilhaste, resplandeceste, e a tua luz afugentou a minha cegueira; exalaste o teu perfume e respirei, suspirei por ti; saboreei-te, e agora tenho fome e sede de ti; Tu me tocaste, e agora estou ardendo no desejo da tua paz" (*Confissões*, Liv. 10, 27).

Dilata o coração

Eis uma bela expressão que o Salmo 118[119], 32 dirige a Deus: *Dilataste o meu coração*. É outro dos frutos saborosos da fidelidade para com Deus, da perseverança na luta. *A constância — diz São Paulo — produz a virtude a toda prova; esta produz a esperança, e a esperança não nos deixa desiludidos, porque o amor de Deus foi derramado em nossos corações pelo Espírito Santo que nos foi dado* (Rm 5,4-5).

É um texto maravilhoso, retrato da alma de um filho de Deus. Como fruto da graça de Deus — a graça do Espírito Santo — e da luta perseverante pelas virtudes, o coração de Paulo se encheu de uma esperança que o lançava, cheio de coragem e alegria, para horizontes cristãos cada vez maiores. Seu coração se dila-

16. Frutos da perseverança

tou. Não se conformava com o que já era e o que já tinha feito. A alma grande lhe gritava: "Mais!" "Além!", e ele exclamava: *O amor de Cristo nos constrange* (2Cor 5,14).

É assim mesmo. A virtude dá-nos um "poder de progresso e aperfeiçoamento", diz Pinkaers; e comenta que, na vida cristã, acontece algo semelhante ao que sucede com um grande pianista. Os seus exercícios ao piano, constantes, exigentes e cheios de inspiração, vão lhe proporcionando a leveza de um "hábito", que não é repetição mecânica (como a daquela vizinha que, em cada festinha, teclava monotonamente o "Para Elisa" de Beethoven), mas é pura liberdade. Assim cresce nele a paixão pela música e, com ela, a genialidade de "criar" um estilo próprio — que os entendidos percebem, maravilhados —, permanecendo fiel ao compositor que interpreta; e sente uma alegria criativa que o impele a procurar uma perfeição sempre maior (cf. *As fontes da moral cristã*).

É uma bela comparação. Por um lado, lembra-nos que o hábito virtuoso é vivo e deve ser progressivo. Por outro, que com ele a alma se enche de iniciativas: sempre pensa em agir com mais capricho, em melhorar em mais um detalhe, em procurar mais uma conquista, e nunca diz "basta". Não tem o perigo de se embalsamar numa virtude mumificada. Como dizia São Josemaria, para ele, "tudo se converte em cume por alcançar: cada dia descobre novas metas, porque não sabe nem quer pôr limites ao Amor de Deus" (*Sulco*, n. 17).

Abre as portas ao Espírito Santo

Já sabemos que, à diferença das virtudes dos pagãos, as virtudes humanas do cristão têm, como alma que as inspira e como finalidade, o amor (a Deus, ao Bem, ao próximo). E que sua seiva vivificante é a graça do Espírito Santo (Caps. 9,10, etc.).

Santo Tomás de Aquino lembra que não é possível desenvolver uma virtude verdadeiramente cristã, ou seja, vivificada pelo amor, sem que cresçam ao mesmo tempo as outras virtudes. O contrário seria tão anormal como se, no corpo de um adolescente, se desenvolvesse só uma mão ou uma orelha, e o resto ficasse raquítico.

Ora, o amor cristão, e as virtudes que suscita, são como o trigo das parábolas de Jesus: só pode crescer bem e encher-se de fruto se os trabalhadores limpam o mato: o joio e os espinhos (cf. Mt 13,7 e 26). Essa é justamente a tarefa da mortificação cristã: limpar, libertar o campo do mal que o torna estéril — do desamor! —, para abrir espaço à ação santificadora do Espírito Santo.

Tudo isso se entende bem se não esquecemos que a luta pelas virtudes é sempre uma luta de correspondência à ação de Deus, luta que consiste fundamentalmente em:

— Preparar o terreno com a oração, a mortificação e a humildade;
— Plantar decididamente, com a ajuda de Deus, a semente de cada virtude, mediante propósitos concretos de luta e desejos sinceros de alcançar a meta;
— Ir alimentando essa semente e o seu crescimento com oração e luta diárias, sem nunca esquecer que o alimento indispensável é a "água viva" da graça (cf. Jo 4,14 e 7,38): água que se obtém na fonte dos Sacramentos, da Oração de petição, e do amor generoso no cumprimento dos deveres.

Então a alma se alarga, dilata-se, vai se "fazendo" à medida de Deus, porque *o amor não tem fim* (1Cor 13,8) e, como diz São Gregório de Nissa, "no tocante à virtude, nós aprendemos que o único limite consiste em não ter limite" (*Vida de Moisés* 1, 5).

Com a alma assim preparada, aberta, "ativa" e cheia de confiança em Deus, o cristão poderá fazer da sua vida toda aquela aventura divina que descreve São Paulo: *Que o Pai vos conceda, segundo as riquezas da sua glória, que sejais poderosamente fortalecidos pelo seu Espírito no homem interior, para que Cristo habite pela fé nos vossos corações, arraigados e fundados no amor [...], até atingir o estado do homem perfeito, à medida da estatura completa de Cristo* (Ef 3,16-17 e 4,13). A identificação com Cristo, que é a meta da vida e das virtudes cristãs.

Terceira Parte

BREVES REFLEXÕES SOBRE VIRTUDES HUMANAS

17. A VIRTUDE DA PRUDÊNCIA

1. A sabedoria da vida

Durante séculos, a prudência foi identificada com a "sabedoria da vida".

Ser prudente é agir de um modo "pensado", racional, não instintivo ou inconsciente.

A prudência é a virtude-guia da vida. Os antigos a chamavam *auriga virtutum*, o "cocheiro" que tem as rédeas do carro das virtudes e as dirige (cf. *Catecismo*, n. 1806).

É prudente aquele cristão que procura guiar-se pela razão iluminada pela fé. No proêmio da Encíclica "Fé e razão" (*Fides et ratio*), João Paulo II diz que "a fé e a razão constituem como que as duas asas pelas quais o espírito humano se eleva para a contemplação da verdade".

Ambas — razão e fé — procedem de Deus, única *luz verdadeira* (cf. Jo 1,9 e 1 Jo 1,5), e são inseparáveis. Por isso, Bento XVI, na Universidade de Ratisbona, citava esta frase do imperador bizantino Manuel II Paleólogo: "Não agir segundo a razão é contrário à natureza de Deus" (12/09/2006).

A maior imprudência da vida não é atravessar uma avenida movimentada quando o semáforo está vermelho; é ser superficial:

— Ir no embalo: viver de inércia.

— Deixar as rédeas da vida nas mãos das emoções e das paixões: ira, raiva, inveja, amor-próprio orgulhoso, ambição egoísta... Ou do sentimentalismo irracional: por exemplo, moleza sentimental na educação dos filhos.

— Largar-se nas mãos dos desejos, procurando falsas razões para justificar aquilo que desejamos, em prejuízo do que é um bem, um dever verdadeiro e certo.
— Decidir movidos pelos nervos e pela pressa: afobação, precipitação, e-mails mal pensados...

Joseph Pieper, citando e comentando Santo Tomás de Aquino no seu livro sobre as "Virtudes Fundamentais", diz: "O bem essencial do homem — isto é, o seu verdadeiro "ser humano" —, reside no fato de que "a razão, que se aperfeiçoa no conhecimento da verdade", modele e informe interiormente seu querer e sua ação... "O homem é homem porque é racional" (pp. 17-18).

2. Três passos

O *Compêndio do Catecismo da Igreja Católica* diz: "A prudência dispõe a razão a discernir, em cada circunstância, o nosso verdadeiro bem e a escolher os meios adequados para o pôr em prática. Ela guia as outras virtudes, indicando-lhe regra e medida" (n. 380).

Quando trata dessa virtude, Santo Tomás explica que ela leva, a partir do conhecimento verdadeiro, à decisão prudente, e que isso se realiza dando três passos: *reflexão, juízo e decisão*.

1º) *Reflexão*: Já vimos como é fácil substituir a reflexão por emoções, paixões e interesses. Para refletir prudentemente precisamos de:

a) Vencer a preguiça de pensar. É a preguiça que nos vence, quando dizemos, antes de ter refletido sobre um problema: "deixa", "estou cansado", "não me aborreça"...

b) Ter tempo para pensar sobre a vida e as coisas da vida: momentos concretos, fixos, habituais, de meditação, de oração, de exame de consciência.

c) Cultivar o hábito de ler, que facilita o hábito de pensar.

17. A VIRTUDE DA PRUDÊNCIA

d) Saber usar da memória: para aproveitar a experiência e retificar: "Não é prudente — diz São Josemaria — quem nunca se engana, mas quem sabe retificar os seus erros" (*Amigos de Deus*, n. 88).

e) Ser humildes: pedir luz a Deus, ao Espírito Santo (*luz dos corações*). E saber pedir conselho a quem o possa dar. "O primeiro passo da prudência — escreve São Josemaria — é o reconhecimento das nossas limitações: a virtude da humildade. É admitir, em determinadas questões, que não percebemos tudo, que em muitos casos não podemos abarcar circunstâncias que importa não perder de vista à hora de julgar. Por isso nos socorremos de um conselheiro. Não de qualquer um, mas de quem for idôneo" (*Amigos de Deus*, n. 86).

2°) *Juízo, avaliação.* Vejamos alguns aspectos desse julgamento prático:

a) Fazer um juízo de valor: enxergar o que é, no caso, moralmente melhor ou, pelo menos, bom. São Paulo pedia aos Romanos empenho em *discernir qual é a vontade de Deus, o que é bom, o que lhe agrada e o que é perfeito* (Rm 12,2).

b) Captar o ponto equilibrado do bem a realizar: não ficar nem abaixo desse ponto nem pecar por excesso (por exemplo, é bom ser amável e conversar com os colegas, mas é errado gastar muito tempo em conversas inúteis).

c) Julgar com clareza quais são as "prioridades", utilizando não só a razão, mas a razão iluminada pela fé (Deus é uma prioridade que não pode ser rebaixada).

d) Fazer juízos acertados sobre os "meios" eficazes a serem empregados. Definir bem o "que", o "como", e o "quando".

3°) Decisão.

Santo Tomás ensina que a virtude exige "transformar o conhecimento verdadeiro em decisão prudente", e dá esta regra de ouro: "O homem prudente é lento na reflexão e rápido na execução". É claro que isso exige:

a) Vencer o comodismo e o medo de que não dê certo. "A prudência exige habitualmente uma determinação pronta e oportuna. Se algumas vezes é prudente adiar a decisão até que se completem todos os elementos de juízo, outras seria uma grande imprudência não começar a pôr em prática, quanto antes, aquilo que vemos ser necessário fazer, especialmente quando está em jogo o bem dos outros" (*Amigos de Deus*, n. 86).

b) Não cair na cautela medrosa. "Pela prudência, o homem é audaz, sem insensatez. Não evita, por ocultas razões de comodismo, o esforço necessário para viver plenamente segundo os desígnios de Deus... Prefere não acertar vinte vezes a deixar-se levar por um cômodo abstencionismo... Não renuncia a conseguir o bem por medo de não acertar" (Ibid., n. 87).

c) Finalmente, a constância no esforço, ainda que custe muito (com a luta e o decorrer do tempo, custará menos).

Questionário sobre a prudência

— Procuro ter com frequência (se possível, diariamente) alguns momentos de silêncio e reflexão, para orar, meditar e esclarecer com Deus os assuntos fundamentais da minha vida? Peço ao Espírito Santo que ilumine a minha inteligência e oriente e fortaleça a minha vontade para seguir a verdade e o bem?

— Tenho o bom hábito de me aconselhar devidamente antes de assumir compromissos sérios, de fechar negócios arriscados ou de resolver problemas familiares e profissionais de certo vulto? Evito a autossuficiência? Caio no orgulho de dizer: "Não preciso de ninguém, isso eu resolvo sozinho"?

— Quando tenho de enfrentar algum problema que cria tensões desagradáveis (familiares, profissionais, sociais), peço a Deus que não permita que a paixão, a ira, o ódio ou o rancor me privem do raciocínio lúcido?

17. A VIRTUDE DA PRUDÊNCIA

— Guardo um silêncio prudente antes de corrigir, quando ferve a indignação? Falo só após ter transcorrido o tempo suficiente para que a correção, embora firme, seja serena e faça o bem?

— Evito duas imprudências, muito comuns e perigosas: ser afoito, e ser o eterno hesitante?

— Caio na falsa prudência dos medrosos, que não querem arriscar nada e, por isso, adiam tudo, fogem de compromissos (com Deus e com o próximo) e se apavoram diante de ideais grandes e generosos? Percebo que este é o caminho garantido para a mediocridade?

— Esqueço-me de que até as pessoas mais simples me podem sugerir ideias e soluções boas, em que eu não havia pensado? Tenho respeito pelas opiniões dos demais?

— Caio na insensatez de dizer, em matérias de religião e espiritualidade, "eu não preciso de direção espiritual", ignorando que a auto direção costuma terminar no fracasso?

— A prudência do autêntico cristão deve levá-lo muitas vezes a renunciar com valentia a ambientes, situações e comportamentos que outros acham normais. Tenho a coragem de prescindir de certas amizades perigosas, de prazeres, brincadeiras e costumes (em matéria de sexo, de bebidas, de festas, de espetáculos...), que só me fazem mal e ofendem a Deus?

— Dou-me conta do sentido profundo desta frase de Cristo: *Que aproveita ao homem ganhar o mundo inteiro se, depois, perde a sua alma* (Mt 16,26)? Quem é mais "prudente", aquele que se arrisca a condenar levianamente a sua alma, ou o que não hesita em fazer os sacrifícios necessários para não perder Deus para sempre?

Sou firme nas minhas decisões? Persevero no cumprimento das resoluções difíceis? Depois de ter refletido e pedido luzes a Deus, empenho-me em levar as coisas até o fim, sem esmorecer nem recuar perante os obstáculos?

Conclusões (Procure tirar as suas conclusões e anotá-las).

18. PRUDÊNCIA E CONSCIÊNCIA

1. A consciência: juiz interior

O *Catecismo da Igreja Católica* relaciona a consciência com a virtude da prudência. Em boa parte, a consciência se identifica com o segundo passo da prudência: julgar. Digo em parte, porque a prudência, em geral, julga sobre *tudo* o que devemos fazer, enfrentar, etc. (profissão, família, educação). A consciência, pelo contrário, só faz um juízo sobre a *moralidade* dos nossos atos: julga se são bons ou maus, moralmente certos ou errados.

"E a prudência — diz o *Catecismo* — que guia imediatamente o juízo da consciência. O homem prudente decide e ordena a sua conduta seguindo este juízo. Graças a esta virtude, *aplicamos sem erro os princípios morais aos casos particulares e superamos as dúvidas sobre o bem a praticar e o mal a evitar*" (n. 1806).

A consciência é frequentemente mal entendida. Dá-se o nome de consciência a sentimentos e juízos que nada tem a ver com ela. Vejamos brevemente o que não é, e o que é a consciência:

a) *O que não é*. A minha consciência não é um oráculo, não é uma inspiração sobrenatural infalível, não é "o que eu acho ou sinto" (sentimento meramente subjetivo), e menos ainda é o eco das ideias que predominam no ambiente. Se fosse assim, a consciência seria, como disse Bento XVI: "um reflexo de mim mesmo [espelho dos meus desejos egoístas] e dos contemporâneos que me condicionam [e me levam a 'pensar como todo o mundo']" (Enc. *Spe Salvi*, n. 33).

b) *O que é.* "A consciência moral é um *julgamento da razão* pelo qual a pessoa humana reconhece a qualidade moral de um ato concreto que vai planejar, que está a ponto de executar ou que já praticou. Em tudo o que diz e faz, o homem é obrigado a seguir fielmente o que sabe ser justo e correto" (*Catecismo*, n. 1778). A consciência "julga as escolhas concretas, aprovando as boas e denunciando as más" (n. 1777).

2. Parâmetros da "boa" consciência

Com que critérios a consciência julga da bondade ou maldade das nossas ações? Há duas grandes possibilidades.

1ª) A pessoa que acredita em Deus Criador e Providente sabe que o mundo, obra de Deus — suma inteligência e suprema bondade —, não órbita cego, não é como uma nave à deriva que vai errante à mercê dos acasos, sem rumo nem porto.

O homem — como, de resto, toda a criação — é um *projeto* idealizado por Deus criador. Desde sempre, esteve na mente de Deus o *modelo* ideal do ser humano e, ao mesmo tempo, a ideia exata daquilo que é a *verdade* e o *bem* do homem, daquilo que o pode levar à plenitude e à felicidade. Essa ideia do *bem* do homem, concebida pela Sabedoria de Deus, é precisamente a *lei moral*, que a teologia cristã chama lei eterna (porque existe eternamente em Deus e é válida eternamente para todos os seres humanos).[3]

João Paulo II lembra: "Deus, que é o único bom (cf. Mt 19,17), conhece perfeitamente o que é bom para o homem, e, devido ao seu mesmo amor, o propõe nos mandamentos" (Enc. *Veritatis splendor*, n. 35).

Portanto, há uma *verdade objetiva* sobre o bem e o mal do homem. Essa verdade, que procede de Deus, deve ser o referen-

---

[3] O tema da consciência pode-se ver, mais amplamente, no livro *A voz da consciência*, Quadrante, 1996.

18. PRUDÊNCIA E CONSCIÊNCIA

cial pelo qual a consciência se guie, a norma pela qual julgue. O Papa Francisco afirma categoricamente que "a Igreja insiste na existência de normas morais objetivas, válidas para todos" (*Evangelii Gaudium*, n. 64).

2ª) Em confronto com o que acabamos de dizer, quem não acredita em Deus ou decidiu prescindir dele, que critérios poderá ter sobre o bem e o mal moral? Sem possuir valores certos e permanentes, terá que pendurar os seus juízos morais de ganchos incertos, frágeis e oscilantes:

— Das ideologias (por exemplo da filosofia marxista, das antropologias materialistas de inspiração freudiana, da militância laicista, das ideologias de gênero, da moda intelectual do momento);

— Do pseudocientificismo experimental, "dogmaticamente" fechado, com um "pré-conceito" pétreo, ao espírito e à transcendência;

— Dos simples desejos, impulsos, vícios e paixões pessoais;

— Do interesse mesquinho ("para mim, isso é bom, e o resto não interessa").

Com isso, cai-se na "ditadura do relativismo" (não há verdade nenhuma, não há um bem objetivo, não há pecado, etc.), descrita por João Paulo II na Enc. *Evangelium vitae*, já citada em parte: "Acaba-se por assumir como única e indiscutível referência para as próprias decisões, não já a verdade sobre o bem e o mal, mas apenas a sua subjetiva e volúvel opinião ou, simplesmente, o seu interesse egoísta e o seu capricho [...]. Desse modo, diminui toda referência a valores comuns e a uma verdade absoluta para todos: a vida social aventura-se pelas areias movediças de um relativismo total. Então, *tudo é convencional*, tudo é negociável, inclusive o primeiro dos direitos fundamentais, o da vida" (nn. 19 e 20).

Essa falsa consciência, muitas vezes, não é senão a voz do mal, do pecado, que reivindica o direito de ser "livre" e de se impor ditatorialmente sobre a verdade e o bem.

3. O guia da consciência é "o esplendor da verdade", a luz de Deus

"Colocada diante de uma escolha moral, a consciência pode emitir um julgamento correto *de acordo com a razão e a lei divina* ou, ao contrário, um julgamento errôneo que se afasta delas" (*Catecismo*, n. 1786).

Por isso, o *Catecismo* enfatiza a necessidade de *formar a consciência*. "A consciência deve ser educada e o juízo moral esclarecido. Uma consciência bem formada é reta e verídica. Formula seus julgamentos seguindo a razão, de acordo com o bem verdadeiro querido pela sabedoria do Criador. A educação da consciência é indispensável aos seres humanos submetidos a influências negativas e tentados pelo pecado a preferirem o próprio juízo e a recusar os ensinamentos autorizados" (n. 1783).

E insiste em que "a educação da consciência é uma tarefa para toda a vida" (n. 1784). Uma educação que devemos procurar: aprofundando na Palavra de Deus assimilada com a meditação orante; voltando o olhar para a palavra e o exemplo de Cristo, *caminho, verdade e vida* (Jo 14,6), referencial de todo bem; rogando ao Espírito Santo que ilumine nossos juízos e decisões; esforçando-nos em conhecer a doutrina moral cristã, o ensinamento autorizado da Igreja em questões éticas; e procurando um conselheiro espiritual confiável (cf. *Catecismo*, n. 1785).

Não esqueçamos que a ignorância, quando procede do descuido dessa formação necessária para um cristão, não é desculpa para os erros de juízo e de conduta. "Quando o homem não se preocupa suficientemente com a procura da verdade e do bem, a consciência pouco a pouco, pelo hábito do pecado, se torna quase obcecada" (Const. *Gaudium et spes*, n. 16).

18. Prudência e consciência

4. A ignorância e a dúvida

Estamos vendo que ninguém pode se instalar na ignorância por incúria ou só porque é mais cômodo "não saber". Se essa atitude é premeditada ("não quero saber, para não ter que sentir culpa"), a ignorância não só não isenta de pecado, como o torna mais grave (chama-se "ignorância afetada").

Só a ignorância invencível, isto é, a que existe de boa fé, sem nenhuma culpa ou cumplicidade da pessoa, exime de pecado. "Mas nem por isso [o ato errado] deixa de ser um mal, uma privação, uma desordem. E preciso trabalhar para corrigir a consciência moral de seus erros" (*Catecismo*, n. 1793).

E que fazer com a consciência que duvida? Temos a obrigação de esclarecer as dúvidas morais. A nossa consciência moral não pode ficar balançando na gangorra da dúvida como se pouco lhe importasse errar e ofender a Deus. Somos responsáveis pela nossa consciência. Por isso, devemos "procurar sempre o que é justo e bom e discernir a vontade de Deus" (*Catecismo*, n. 1787).

Questionário sobre a consciência

— Compreendo que a qualidade moral da minha conduta — a bondade e a retidão dos meus critérios, das minhas ações e atitudes — depende da boa formação da minha consciência?

— Caio no erro infantil de achar que a consciência é só um sentimento subjetivo, íntimo, e que basta seguir o que eu "acho" e "sinto" como certo? Não percebo que o que nós sentimos, muitas vezes está condicionado por vícios e defeitos que obscurecem a visão: pelo comodismo, pela ânsia de prazer, pelas convenções sociais, pelas conveniências meramente egoístas?

— Tenho a preocupação de conhecer cada vez melhor a moral cristã, ou seja, as luzes que o Espírito Santo comunicou aos homens, através da Sagrada Escritura e da Igreja de Cristo, acerca do verdadeiro bem e do caminho da salvação (cf. Mt 19,16-21)? Emprego os meios para isso: leitura do Novo Testamento e de bons livros de formação cristã, estudo do *Catecismo da Igreja Católica*, cursos de doutrina e de vivência cristã, petição de conselho, etc?

— Procuro estar atualizado em relação com os ensinamentos do Santo Padre e, em geral, do Magistério da Igreja, a fim de fazer deles — e não de opiniões de bar e especulações da "mídia" — a minha pauta de conduta?

— Percebo que, se descuido o dever de me formar bem, de nada valerá alegar como desculpa a ignorância — "eu não sabia que isso era pecado..." —, pois esclarecer a bondade ou maldade moral da conduta é um dever grave da consciência?

— Acho que alguns princípios morais católicos são muito bons em geral, mas não *servem* no meu caso? Esqueço-me de que Deus, quando indica o caminho certo, não pede o impossível, mas dá a graça para poder segui-lo?

— Procuro resolver quanto antes as dúvidas de consciência. Permaneço nessas situações confusas por medo de enxergar verdades difíceis, que não me agradam?

— Vejo claramente que nem as boas intenções nem as circunstâncias particulares do meu caso podem tornar boa uma ação que é objetivamente má? Estou firmemente convencido de que uma finalidade boa jamais justifica o uso de meios intrinsecamente maus (por exemplo, um aborto)?

Estou disposto a usar com coragem do meu direito à "objeção de consciência", quando, no meu trabalho, na minha família ou na vida social, me pedem ações contrárias à ética, à Lei de Deus?

Valorizo a importância da direção espiritual e da confissão frequente para formar uma consciência verdadeira, reta e firme, e assim poder também orientar outras pessoas?

Conclusões (Procure tirar as suas conclusões e anotá-las).

19. A VIRTUDE DA ORDEM

1. Relação entre a prudência e a ordem

Meditando ainda sobre a prudência, prestemos atenção a duas breves frases do *Catecismo*, já citadas nos dois capítulos anteriores, que nos ajudarão a entrar no tema da ordem: "E a prudência que guia imediatamente o juízo da consciência. O homem prudente *decide e ordena* a sua conduta seguindo este juízo" (n. 1806).

Antes, o *Catecismo* afirma que é próprio da prudência "discernir o nosso verdadeiro bem e escolher os *meios adequados* para realizá-lo" (Ibid.).

Grifei *decide e ordena*. São atitudes que se entendem bem meditando estas palavras de Jacques Leclercq: "O problema da ordem é um problema fundamental na vida do homem. No universo, cada coisa está no seu lugar; tudo se encadeia na ordem imutável das leis cósmicas. O homem também *está* no seu lugar, um lugar sinalizado pelas leis divinas — leis morais — que não admitem mudança. Mas o homem, ao mesmo tempo deve tomar a iniciativa de *ocupar* o seu lugar, deve assumir o seu lugar, porque é livre, ou seja, deve orientar pessoalmente a sua vida" (cf. *Vida em ordem*, Ed. A.C.P., Lisboa, 1955, pp. 17-18).

A virtude da ordem consiste precisamente em decidir-se livremente a "pôr a vida em ordem" e a empregar os "meios adequados" para tanto. E uma virtude que apresenta várias dimensões. Vamos considerá-las a seguir.

2. A ordem dos valores

É a principal. Qual é a hierarquia dos valores — das prioridades — na minha vida?

Depende dos meus ideais. Sem um "ideal profundo, que só se descobre à luz de Deus — dizia São Josemaria —, sem ideais bem determinados, capazes de orientar a vida inteira, nasce um estado de desorientação, de ansiedade ou até de desânimo. O remédio — custoso como tudo o que tem valor — está em procurar o verdadeiro *centro* da vida humana, aquilo que pode dar uma hierarquia, uma ordem e um sentido a tudo".

"Se, vivendo em Cristo — acrescenta —, tivermos nEle o nosso centro, descobriremos o sentido da missão que nos foi confiada, teremos um ideal humano que se torna divino, novos horizontes de esperança se abrirão à nossa vida" (*Questões atuais do cristianismo*, n. 88).

Numa perspectiva cristã, a hierarquia prática dos valores é: Em primeiro lugar, Deus ("amar a Deus sobre todas as coisas"). Em segundo lugar, os outros (a justiça, o amor, a caridade com o próximo). Em terceiro lugar, "eu" (meus interesses meramente pessoais ou egoístas).

Se algum de nós descobre que a "ordem real" da sua vida é muito diferente dessa que acabamos de mencionar, pense que deve fazer uma profunda revisão do seu modo de pensar e de viver.

3. A ordem dos deveres

Quando há ordem nos valores, enxerga-se bem a ordem dos deveres. Em princípio, os nossos deveres podem-se resumir nos seguintes:

1. — Deveres para com Deus.
2. — Deveres familiares.
3. — Deveres profissionais.

19. A VIRTUDE DA ORDEM

4. — Deveres sociais (de justiça social, de serviço e caridade para com o próximo, de responsabilidade cívica, etc.).

Como estão organizados e harmonizados estes deveres na nossa vida prática? Não é verdade que alguns deles estão hipertrofiados, e outros — talvez bem mais importantes — estão atrofiados (como a religião, a educação dos filhos, o serviço aos necessitados, o apostolado...)?

Revise as suas hipertrofias e as suas atrofias. Há vidas que parecem — como já víamos acima — uma espécie de "monstro" de filme de desenho animado: uma mão enorme (excessiva dedicação profissional) e a outra diminuta (falta de tempo para o convívio de marido e mulher); uma perna ágil e veloz (para correr atrás do dinheiro, de um jogo do nosso time ou de uma balada), e outra perna raquítica (paralisada para a prática religiosa, para a formação cristã, para a solidariedade e o coleguismo...).

Vida em ordem é, portanto, uma existência em que estão bem hierarquizados os valores e, de acordo com eles, os deveres. Mas, para viver esse ideal, além da consciência do dever e das boas intenções, é preciso "escolher os *meios adequados* para realizá-lo" (*Catecismo*, n. 1806). E o que vamos ver no seguinte item.

4. A ordem no tempo

A desordem no planejamento dos horários, o deixar-se arrastar pelo embalo ou pela agitação no emprego do tempo, acaba agredindo os valores e transtorna os deveres.

Alguém já disse que o tempo é de borracha, no seguinte sentido: o mesmo tempo rende duas vezes mais nas mãos de uma pessoa organizada, que nas de uma pessoa confusa e desordenada nos seus horários.

Pode ajudá-lo meditar estes dois pensamentos do livro *Caminho*: "Se não tens um plano de vida, nunca terás ordem" (n. 76).

"Quando tiveres ordem, multiplicar-se-á o teu tempo" (n. 80).

E preciso organizar-se. Precisamos ter um plano, uns horários bem pensados, onde cada dever encontre seu melhor momento e sua duração certa, de modo que se possam cumprir adequadamente todos eles. Uns exigirão mais tempo, outros menos, mas quanto *menos tempo* possamos dedicar, *maior qualidade* deveremos procurar.

A pessoa que "quer" de verdade consegue essa harmonia, porque a ordem no aproveitamento do tempo depende mais da sinceridade do coração ("eu quero mesmo"), do que da capacidade técnica de organização. E, além disso, sempre precisamos ter fortaleza para vencer a preguiça e superar o cansaço e o capricho.

Dentre os possíveis tipos de ordem na distribuição do tempo, vejamos qual é o nosso:

a) A ordem defensiva

Há pessoas que fazem da ordem uma armadura de defesa pessoal. São muito organizadas. Aproveitam bem o tempo. Mas o seu esquema é intocável. Fabricaram para si uma espécie de armadura de aço, na qual se refugiam, e não toleram que nada nem ninguém interfira com os planos tão egoístas e tão cômodos que planejaram. A ordem pode ser uma barricada defensiva para ter a vida mais tranquila: "não me interrompam, não me perturbem, não mexam comigo, não veem que estou ocupado?".

"Muitos temem que alguém os convide a realizar alguma tarefa apostólica — escreve o Papa Francisco — e procuram fugir de qualquer compromisso que lhes possa roubar o tempo livre" (*Evangelii Gaudium*, n. 81).

b) A ordem oblativa (a que se planeja para servir)

Em confronto com a ordem defensiva, está a ordem oblativa (que se dá, que se oferece). É a distribuição e organização do

19. A VIRTUDE DA ORDEM

tempo pensada para poder dar-nos mais e melhor ao que vale a pena: aos ideais, aos deveres e ao bem dos demais. A pessoa de ideias e coração grande procura praticar essa ordem, porque quer fazer o melhor — especialmente quando oferece seu trabalho a Deus — e dar-se sempre mais aos outros.

Por isso, quando fora da ordem prevista se apresenta a conveniência de fazer coisas de mais valor, por Deus ou pelo próximo, a alma generosa não hesita: sai do seu trilho e atende a esses apelos da caridade com alegria. Está convencido de que esses planos que Deus lhe apresenta inesperadamente, ainda que alterem os seus, são os melhores, e por isso não se queixa falando de interferências, sobrecargas ou perturbações, por mais que alterem a "sua" ordem.[4]

5. A ordem material

Todas as vezes que dizemos: "Onde é que eu pus esses documentos, onde é que deixei a minha pasta, onde ficou a passagem de avião, onde está o meu RG...?" estamos verificando que a desordem nas coisas materiais interfere, atrasa e, às vezes, dá cabo da organização bem preparada dos nossos planos.

Vale a pena refletir também sobre isso, e lembrar-nos de que "esquecer" — fora os casos de memória alterada — costuma ser um reflexo da preguiça de pensar e de ter ordem, da mania de deixar as coisas para a última hora: pagamentos atrasados, atualizações esquecidas, compromissos atropelados, prazos vencidos, viagens perdidas, etc.

Além disso, não esqueçamos que a ordem material está ligada à virtude da caridade, pois é evidente que poupa trabalho e desgostos aos que convivem conosco e aos que colaboram com o nosso trabalho profissional.

---

4 Ver livro *A preguiça*, 2ª ed, Quadrante, 2003, pp. 17-18.

Questionário sobre a ordem

— Compreendo que ter a vida em ordem não consiste só em levar uma vida honesta e regrada, mas em ter uma vida que se ajuste, em tudo, à Vontade de Deus?

— Tenho clara, na cabeça e no coração, a ordem prática de prioridades que deve haver na minha vida? Em primeiro lugar, Deus ("amar a Deus sobre todas as coisas"). Em segundo lugar, os outros (a justiça, o amor, a caridade). Em terceiro lugar, "eu" (os objetivos, finalidades e anseios meramente interesseiros).

— Dou o valor, a dedicação e o tempo necessários a todos e cada um dos meus deveres? Fico satisfeito por cumprir apenas alguns deles — por exemplo, os deveres do trabalho —, ao mesmo tempo que descuido deveres importantes para com Deus, ou no tocante à formação dos filhos e o serviço ao próximo?

— Sou desleixado no cultivo da minha formação cristã, da vida espiritual, da luta pelas virtudes? Que meios concretos vou empregar para me empenhar nesse esforço?

— Vejo claramente quais são as minhas principais omissões? Estou disposto a lutar com um plano ordenado, paciência e constância para superá-las?

— Dedico o tempo necessário à família? Garanto os momentos adequados para atendê-la?

— Sou consciente de que, sem um plano de vida diário, com horários bem estudados e definidos, a minha vida será uma coleção inútil de desejos ineficazes de ser um bom cristão?

— Sinto a necessidade de parar todos os dias uns minutos, para me recolher na presença de Deus e meditar, e assim ordenar as ideias, preparar os planos e hierarquizar as tarefas?

— Faço o que devo, hoje e agora, sem medo de enfrentar tarefas desagradáveis ou custosas, consciente de que Deus me espera no cumprimento do pequeno dever de cada momento?

Conclusões (Procure tirar as suas conclusões e anotá-las).

20. Justiça nos pensamentos

Todos temos, desde crianças, um forte sentimento de justiça. Como dói à criança ser castigada pelo que não fez, ver que os pais não cumprem o que prometeram ou que alguém lhe tire sem motivo o brinquedo preferido.

Tanto e mais que às crianças, dói aos adultos: acusações falsas na escola ou no emprego, não receber o pagamento justo de um trabalho, ser roubado, explorado, traído, ser vencedor num concurso e perder a vaga para um "afilhado" da banca, ser vítima de cem formas de embustes, armadilhas, logros e enganos...

A mágoa profunda que nos causa a injustiça deve movermos a amar a virtude da justiça e a defendê-la sempre.

O *Catecismo* a define, sinteticamente, assim: "É a virtude moral que consiste na vontade constante e firme de dar a Deus e ao próximo o que lhes é devido" (n. 1807).

Comecemos meditando no que, antes de mais nada, é devido a cada pessoa: o respeito à sua dignidade e a equidade nos juízos que fazemos dela.

1. Respeito pela dignidade

Todo ser humano merece imenso respeito por ser imagem de Deus, criatura de Deus, filho de Deus — sobretudo se recebeu, no Batismo, a graça da "filiação adotiva" (Jo 1,12) por ser portador desde a concepção de uma alma espiritual e imortal; porque é alguém por quem Cristo morreu, e que está destinado à bem-aventurança eterna (cf. *Catecismo* nn. 1702-1705 e 2Cor 5,14-15).

Uma forma penosa de desrespeito é o desprezo. Cristo condena fortemente o desprezo com que certos fariseus orgulhosos olhavam para os outros: *Eles se vangloriavam como se fossem justos, e desprezavam os demais* (Lc 18,9).

E nós? Zombamos dos outros? Caçoamos? Ridicularizamos? Arremedamos deficiências deles (aleijões, gagueira, estrabismo, etc.) para provocar risadas? Já lhes preparamos armadilhas para que caíssem no ridículo?

Ou, o que é pior ainda: Desprezamos a sua falta de categoria intelectual, profissional ou social? A sua incultura? E ainda pior: Discriminamos por motivos de religião, raça, idade, sexo, etc.?

Deus não despreza ninguém: *Guardai-vos de menosprezar um só destes pequenos, diz Jesus* (Mt 18,10). Se fizemos alguma pessoa se sentir desprezada, pecamos contra a justiça, pisamos no direito ao respeito que todos os filhos de Deus, sem exceção, têm.

A Madre Teresa de Calcutá, exemplo maravilhoso de respeito e amor pelos mais rejeitados, dizia: "A maior pobreza não é a falta de dinheiro, ou a falta de pão e de comida, mas sobretudo uma fome terrível de reconhecimento da dignidade que cada um tem" (M. A. Velasco, *Madre Teresa de Calcutá*, p. 27).

Da Madre Teresa já foi dito que ela e as suas irmãs iam "além do amor". Todo cristão deve amar o próximo por ver nele o próprio Cristo (cf. Mt 25,40). Mas não pode amar quem primeiro não respeita. Primeiro a justiça; depois — muito acima dela, mas nunca sem ela — a caridade.

Lembremo-nos da "regra de ouro" que Cristo nos deu: *Tudo o que quereis que os homens vos façam, fazei-o vós a eles. Esta é a lei e os profetas* (Mt 7,12).

20. Justiça nos pensamentos

2. Evitar os juízos temerários

O juízo temerário consiste em atribuir ao próximo um erro, um crime ou um pecado, sem fundamento. Assim o define o *Catecismo:* "Torna-se culpado de juízo temerário aquele que, mesmo tacitamente [ou seja, mesmo interiormente, só com o pensamento], admite como verdadeiro, sem fundamento suficiente, um defeito moral no próximo" (n. 2477).

Jesus, que nos mandou: *Não julgueis e não sereis julgados* (Lc 6,37), dirigia-se com mágoa aos que faziam juízos críticos dele: *Por que pensais mal em vossos corações?* (Mt 9,4).

Fazer um juízo, sem base objetiva e comprovada, é esquecer que só Deus vê o coração, e, portanto, colocar-se numa posição que só a Deus corresponde. Madre Teresa dizia: "Por muito que vejamos os outros fazerem coisas que nos parecem erradas, não sabemos por que as fazem" (loc. cit., p. 27).

É tocante também o exemplo de outro santo dos nossos dias, São Josemaria Escrivá. Durante a fúria anticatólica da época da guerra civil espanhola, quando — como tantos outros milhares de padres —, era perseguido de morte, dizia aos que estavam refugiados com ele numa pequena legação diplomática:

"Em vez de nos precipitarmos a julgar o nosso próximo, e talvez a condenar duramente, temos que pensar no que seria de nós se tivéssemos estado no ambiente em que viveu o homem que julgamos, se tivéssemos lido os livros que leu; se tivéssemos sentido as paixões que o dominaram... Não nos basta como exemplo o caso de Paulo que, depois de ter sido perseguidor dos cristãos, foi exemplo para todos? Compreensão, pois; essa criatura, que talvez no nosso interior desprezamos e condenamos, quem sabe se, uma vez corrigida, purificada, convertida em espiga sã, não produzirá frutos mais saborosos do que nós?" (*O homem que sabia perdoar*, Ed. Indaiá, pp. 51-520).

3. Seguir o caminho indicado por Cristo

a) Em primeiro lugar, para julgar sem cometer injustiça, é preciso fazer o que Jesus indica: *Por que olhas o cisco que está no olho do teu irmão e não vês a trave que está no teu? Como ousas dizer a teu irmão: Deixa-me tirar o cisco do teu olho, quando tens uma trave no teu? Hipócrita! Tira primeiro a trave de teu olho e assim verás para tirar o cisco do olho de teu irmão* (Mt 7,3-5).

Só podemos olhar bem para os outros com os olhos purificados pela humildade e o arrependimento: primeiro, vejamos os nossos defeitos, que talvez sejam do mesmo tipo que nos incomoda ver nos outros. E uma lição constante de Nosso Senhor: lembre, por exemplo, do episódio da mulher adúltera; Jesus cala-se diante dos acusadores odientos, e as primeiras palavras que diz são: *Quem de vós estiver sem pecado, seja o primeiro a lhe atirar uma pedra* (Jo 8,7). Primeiro, nós. Ter consciência de que somos pecadores, para não olhar ninguém por cima.

Fica claro, pois, que para julgar serena e objetivamente é necessário compreender, quer dizer, enxergar com humildade e sem preconceitos; mas sem incorrer no erro oposto ao juízo temerário, que é o de pretender justificar o injustificável na conduta dos outros, e chamar de santo ou de normal o que ofende a Deus e ao próximo.

Por outro lado, não esqueçamos que uma coisa é "ver" e outra julgar, "condenar". É inevitável que vejamos erros alheios, às vezes patentes e graves (crimes, abusos, injustiças); mas coisa diferente é condenar com ódio e agressividade a pessoa que os comete. Isso é anticristão.

b) Em segundo lugar, sigamos, sempre que for possível, o conselho de Santo Agostinho: "Procurai adquirir as virtudes que julgais faltarem aos vossos irmãos, e já não vereis os seus defeitos, porque vós mesmos não os tereis".

c) Em terceiro lugar, não podemos ficar passivos, é preciso agir. A primeira "ação", a primeira atitude a ser tomada, é orar pelos que

20. Justiça nos pensamentos

erram e perdoá-los. A segunda "ação" — quando possível — é ajudar e, se for o caso, corrigir.

Reparemos como termina o texto de Jesus sobre o cisco e a trave: *Tira primeiro a trave de teu olho e assim verás para tirar o cisco do olho de teu irmão* (Mt 7,5).

Cristo não diz só: Perdoa, sê humilde e esquece. Também diz: *Tira o cisco*, ou seja, age, faze o possível para ajudar o teu irmão que erra, e, quando for necessário, também para evitar que o seu erro cause dano a inocentes. Em resumo, é preciso:

— Rezar sempre pela pessoa errada (cf. Mt 5,44);

— Tentar corrigi-la fraternalmente, se há possibilidade disso: *Se te ouvir, terás ganho teu irmão* (Mt 18,15);

— Caso a caridade e a justiça para com terceiros o exija, após tentar corrigir sem êxito, será preciso às vezes — por justiça — tomar as medidas oportunas para coibir abusos, sem descartar a denúncia e outras medidas legais cabíveis (cf. Mt 18,16-17 e 6).

Questionário sobre os juízos temerários

— "Um só é o legislador e juiz — escreve São Tiago — ... Tu, porém, quem és para julgares o teu próximo?". Faço maus juízos dos outros, sem ter certeza nem razões sólidas para pensar desse modo? Imagino que eles têm intenções ruins, sem um fundamento claro?

— Luto por repelir os preconceitos e a desconfiança ao pensar nos outros? Esforço-me por ver sempre o lado bom de todas as pessoas?

— Percebo que julgar sem conhecer a fundo a alma dos outros — que só Deus vê — é quase sempre uma grande injustiça?

— Antes de julgar os defeitos dos demais, procuro ver os meus e corrigi-los? Percebo que só a pessoa humilde, que se conhece um pouco a si mesma, tem condições de olhar para os outros com compreensão e compaixão?

— Compreendo que muitos dos maus juízos e preconceitos nascem das marcas que deixaram na nossa alma a susceptibilidade e a inveja?

— Guardo ressentimento? Esqueço-me de que Cristo nos disse: "Se não perdoardes aos outros, vosso Pai também não perdoará as vossas faltas"?

— Quando tenho o dever de julgar o comportamento de meus familiares, subordinados, etc., faço isso sem ira, sem me deixar dominar pelo calor da indignação, procurando a maior objetividade possível?

— Tenho o amor e a coragem suficientes para corrigir com caridade e fortaleza os erros das pessoas que dependem de mim, ou compartilham da minha amizade?

— Compreendo que calar-me, quando deveria corrigir visando o bem da pessoa que errou, pode ser uma deslealdade?

— Os erros dos outros provocam a minha ira ou despertam a responsabilidade de pedir a Deus que os ajude a abrirem os olhos da alma e a melhorar?

Conclusões (Procure tirar as suas conclusões e anotá-las).

21. Justiça nas palavras

1. Maledicência

O fariseu da parábola de Cristo, que desprezava os demais, fazia no Templo uma oração vaidosa: *Não sou como os demais homens: ladrões, injustos...* (Lc 18,11).
Nós achamos detestável essa arrogância do fariseu, mas devemos perguntar-nos: Será que eu não penso como ele, e me orgulho também de não ser ladrão ou injusto?
Talvez Deus nos sussurre ao ouvido: Será que não o é?
Há ladrões de carros, de casas, de bancos, de joias, de gado, de cargas... Mas há ladrões de um tesouro maior: a reputação, a boa fama, a honra, o bom nome. Será que nunca roubamos esses tesouros, que nunca fomos injustos ao criticar alguém?
Veja o que lembra o *Catecismo*: "A honra é o testemunho social prestado à dignidade humana. Todos gozam de um direito natural à honra do próprio nome, à sua reputação, ao seu respeito" (n. 2479). Atropelar esse direito, portanto, é uma injustiça. Pense como é fácil roubar esses bens, servindo-nos da arma da língua: falando mal, caluniando.
Todos sabemos que falar mal, sem uma razão justa, sempre prejudica a pessoa criticada. Dá pé a antipatias, desconfianças, preconceitos, desunião; suja o nome e a fama. É bom lembrar o que escreve São Tiago em sua carta: *A língua é um mal irrequieto, cheia*

de veneno mortífero. Com ela bendizemos o Senhor, nosso Pai, e com ela amaldiçoamos os homens, feitos à imagem de Deus (Tg 3,8-9).[5]

2. Primeira injustiça contra a honra: a difamação

A difamação ou detração é o tipo de maledicência que consiste em revelar os defeitos e faltas reais de alguém a pessoas que não os conhecem, sem ter para isso uma razão objetivamente válida (cf. *Catecismo*, n. 2477).

Devemos pensar que, aos olhos de Deus, não há um só pecado que nos manche — a nós e aos outros — irreparavelmente, que nos marque para sempre. A graça de Deus pode mudar o coração e a conduta do maior pecador arrependido, e fazer do covarde um forte, do mentiroso um servidor da verdade e de um devasso um exemplo de pureza... Aos olhos de Deus, ninguém nesta vida está "marcado" para sempre, como o gado.

Pois bem, a maledicência produz o efeito nefasto de manchar a honra do próximo com uma marca difícil de apagar. Quer queiramos quer não, quando divulgamos defeitos e faltas de alguém, a pessoa fica "etiquetada" e, de fato, em muitos casos essa imagem negativa que nós passamos é a que vai permanecer, talvez até a morte.

Perguntemo-nos, pois: Por que falamos mal dos outros? Veremos que é sobretudo por dois motivos:

a) *Por orgulho*: quem fala mal julga olhando o outro com superioridade e dureza. A pessoa humilde, pelo contrário, é compreensiva; está bem consciente de que também tem defeitos e faltas, reconhece humildemente que custa vencê-los e que, muitas vezes,

---

[5] Uma exposição mais ampla desses temas pode ser encontrada no livro *A língua*, Ed. Quadrante, 2ª edição, 1996.

21. JUSTIÇA NAS PALAVRAS

mesmo tendo a maior boa vontade volta a recair e tem que se levantar uma e outra vez.

O orgulhoso sente como que uma necessidade de rebaixar os outros com as suas críticas. A muitos se poderiam aplicar essas palavras enérgicas de São Josemaria: "Que errônea visão da objetividade! Focalizam as pessoas e as iniciativas com as lentes deformadas dos seus próprios defeitos e, com ácida desvergonha, criticam ou se permitem vender conselhos" (Sulco, n. 644).

b) *Por inveja*: também São Josemaria põe aqui o dedo na chaga: "A maledicência é filha da inveja; e a inveja, o refúgio dos infecundos" (*Sulco*, n. 912). Acrescente, a essa frase, uma outra: "O despeito afiou a tua língua. Cala-te!" (*Caminho*, n. 654).

Não esqueça que a difamação — essa divulgação de faltas verdadeiras, mas não conhecidas — pode ter muita gravidade. Concretamente, a maledicência tem a mesma gravidade que as faltas que se divulgam entre pessoas que as desconhecem. Por exemplo, comentar só detalhes da preguiça de alguém, pode ser uma falta leve. Mas revelar pecados graves não conhecidos (adultério, aborto, enganos que causaram danos morais graves, etc.) é sério. Divulgar isso sem motivo tem a mesma gravidade do pecado que se divulga.

Não acha bom fazermos um pouco de exame íntimo, para ver se não há dentro de nós algum desses males?

3. Segunda injustiça: a calúnia

Caluniar é atribuir a outros, mentindo, faltas que não cometeram: "Por palavras contrárias à verdade, a calúnia prejudica a reputação dos outros e dá ocasião a falsos juízos a respeito deles" (*Catecismo*, n. 2477).

A calúnia procede, muitas vezes, da frivolidade irresponsável, que repete informações falsas (de pessoas ou da mídia) contra a honra alheia, sem ter base nem comprovação alguma, só por tagarelice ou pelo prazer de criticar. Pior ainda se visa deliberadamente — por ódio, preconceito ou inveja — destruir, desprestigiar, afundar, mentindo, pessoas ou instituições (a Igreja, uma entidade religiosa, uma escola, uma empresa, uma associação, etc.).

A calúnia nunca se justifica e é um pecado mais grave quando deixa a fama — e a vida — da pessoa ou da entidade caluniada seriamente prejudicada.

4. Deveres de justiça

Toda a falta contra a justiça exige atos positivos de reparação. A pessoa que roubou, fraudou ou danificou só poderá receber o perdão de Deus e a absolvição do confessor se tiver a decisão sincera de restituir o que roubou, ou de reparar o dano causado.

Também o dano moral contra a honra deve ser reparado. A pessoa responsável por algum mal provocado pela maledicência tem o dever de fazer tudo quanto está na sua mão para esclarecer a falsidade que difundiu, ou para contrabalançar a desonra causada, por exemplo, ressaltando as qualidades do criticado entre os que ouviram a murmuração.

"Toda falta cometida contra a justiça e a verdade — ensina o *Catecismo* — impõe o *dever de reparação*, mesmo que o seu autor tenha sido perdoado. Quando se torna impossível reparar um erro publicamente, deve-se fazê-lo secretamente; se aquele que sofreu o prejuízo não pode ser diretamente indenizado, deve-se dar-lhe satisfação moralmente, em nome da caridade. Esse dever de reparação se refere também às faltas cometidas contra a reputação de alguém. Essa reparação, moral e às vezes material, será avaliada na proporção do dano causado e obriga em consciência" (n. 2487).

5. Razões objetivas para falar

Uma última questão. Será que nunca se podem tornar públicas as faltas verdadeiras, que ainda não são conhecidas? O *Catecismo*, de acordo com os princípios éticos básicos, universais, afirma: "Torna-se culpado de maledicência, aquele que, *sem razão objetivamente válida*, revela os defeitos e faltas de outros" (n. 2477). Portanto pode haver razão válida, motivos corretos para divulgar erros alheios.

"Razões objetivamente válidas" podem ser:

— O bem público. Por exemplo, é lícita e até pode ser obrigatória a denúncia, feita pessoalmente ou através da mídia, de casos de corrupção administrativa, política ou moral que causem dano ao bem comum.
— O bem de uma pessoa inocente. Por exemplo, alertar uma moça que está namorando de que o homem com quem pensa casar é viciado há tempo em drogas duras, ou que tem uma esposa legítima em outro lugar.
— O bem próprio, se denunciar é o único meio de exercer a legítima defesa. Por exemplo, o funcionário falsamente acusado de desonestidade numa empresa, tem o evidente direito de desmascarar o verdadeiro culpado.

Questionário sobre as palavras injustas

— Tenho sempre presente que o respeito pela fama do próximo constitui um dever de justiça? Sou consciente da gravidade que encerra lesar injustamente a boa fama de alguém?
— Antes de julgar ou comentar os defeitos dos outros, procuro ver os meus e lutar para corrigi-los? Percebo que só a pessoa humilde e sincera, que se conhece a si mesma, tem condições de compreender e avaliar os outros?

— Compreendo que muitos juízos e críticas negativas são simples reflexo do mal-estar que deixam na minha alma o amor-próprio, a inveja ou o ressentimento?

Evito sempre qualquer tipo de crítica negativa feita com irritação, zombaria ou desprezo, que possa denegrir a imagem ética da pessoa verbalmente agredida?

Procuro seguir o conselho de São Josemaría Escrivá: *de calar, não te arrependerás nunca; de falar, muitas vezes?* Evito qualquer tipo de crítica que não seja construtiva?

Tenho consciência de que divulgar — sem um motivo justificado e grave — erros cometidos pelos outros, é um pecado de difamação, e que há obrigação de reparar o mal causado com esses comentários?

Deixo-me levar por informações superficiais, mexericos ou opiniões levianas ao falar de pessoas ou instituições? Percebo que esses comentários precipitados podem ser verdadeiras calúnias?

Fiz tudo quanto era preciso para reparar o mal que os meus comentários podem ter causado à fama e à honra de outros? Estou consciente de que não basta pedir perdão a Deus por essa falta, mas que é um dever de justiça — também diante de Deus — restabelecer tanto quanto possível a fama lesada?

Conclusões (Procure tirar as suas conclusões e anotá-las).

22. Justiça e verdade

1. A veracidade

Assim como o ar é vital para o homem e a água para o peixe, a confiança é um elemento vital para a convivência humana (familiar, social, profissional, etc.).

Ora, só pode haver confiança quando se honra a verdade. Quando falha a sinceridade — a virtude da *veracidade* — e nos sentimos envoltos na mentira, no engano ou na trapaça, não é possível conviver com harmonia e segurança.

Neste sentido, Santo Tomás de Aquino dizia que "os homens não poderiam viver juntos se não tivessem confiança recíproca, quer dizer, se não manifestassem a verdade uns aos outros" (*Suma Teológica* 2-2, 109, 3). É evidente que, sem a verdade, não se sustenta a amizade, nem é possível a colaboração, nem há condições para manter a família unida.

O *Catecismo* ensina que "a veracidade é a virtude que consiste em mostrar-se verdadeiro no agir e no falar, guardando-se da duplicidade, da simulação e da hipocrisia" (n. 2468). Santo Tomás lembra que essa virtude é um *dever de justiça*, porque, por justiça, "um homem deve honestamente a outro a manifestação da verdade" (Ibid. e cf. *Catecismo*, n. 2485).

O *Catecismo* acrescenta a isso um esclarecimento importante: "A veracidade observa um justo meio entre o que deve ser expresso e o segredo que deve ser guardado" (n. 2469). Dois deveres que analisaremos neste e no próximo capítulo.

2. Dizer a verdade

É difícil que, na vida, não nos tenham escapado algumas mentiras, pequenas ou grandes. Por isso, é bom lembrar que, para haver uma *verdadeira mentira*, são necessárias duas coisas:

1) Dizer o que é falso com a *intenção de enganar* (Santo Agostinho, *De mendacio*, 4,5 e *Catecismo*, n. 2482);

2) Querer induzir em erro aquele que tem alguma razão, motivo ou direito de conhecer aquela verdade (cf. *Catecismo*, n. 2489).

São dois focos para esclarecer o que é um pecado de mentira e o que não o é: o pecado consiste em enganar uma pessoa ou entidade que tem o "*direito* de conhecer a verdade", dizendo-lhe uma coisa falsa (com palavras ou atitudes) com a "*intenção* de enganá-la".

Daí se deduz:

a) Que não é mentira omitir ou ocultar uma verdade a alguém que não tem alguma razão, motivo ou direito de conhecer determinada verdade. Como diz o *Catecismo*, "ninguém é obrigado a revelar a verdade a quem não tem o direito de conhecê-la" (n. 2489). Não há, portanto, a obrigação de dizer a verdade a quem faria um uso injusto e daninho dela, ou àquele em quem provocaria uma dor ou um dano desnecessários, ou a um curioso intrometido. Nestes casos, é preciso achar uma forma de desconversar sem mentir.

b) Que não há mentira quando não existe "intenção de enganar": é o caso da "mentira jocosa" (exagero ou fantasia de mera brincadeira), e da "mentira social" (usar expressões inexatas que todos entendem, como louvar por gratidão uma refeição ou um presente que não nos agradaram, ou dar uma desculpa com expressões "clássicas", "consagradas" na linguagem social, que já não enganam ninguém).

Mas querer enganar a quem deveria conhecer a verdade é sempre errado. Infelizmente, há muitas maneiras de enganar. A lista seria interminável.

22. Justiça e verdade

Além da calúnia, já comentada anteriormente, poderíamos incluir na lista as fraudes nos negócios, as concorrências desleais, as licitações com cartas marcadas, as "recomendações" ("pistolões") que guindam incapazes a funções de que ficam excluídos os que as merecem; as mentiras políticas ou administrativas de todo o gênero, que causam enormes danos ao país e com frequência aos mais desprotegidos; as mentiras sobre a história ou sobre a Igreja, ditas de alegre por um professor ou um jornalista sectário ou irresponsável; as mentiras nos termos ou nos dados dos contratos; a ocultação de defeitos na máquina vendida; as falsificações, as vigarices, as trapaças de toda a espécie...

Sobre a gravidade da mentira, é muito claro o que ensina o *Catecismo*:

— "A gravidade da mentira se mede segundo a natureza da verdade que ela deforma, de acordo com as circunstâncias, as intenções daquele que a comete, os prejuízos sofridos por aqueles que são suas vítimas. Embora a mentira, em si, não constitua senão um pecado venial, torna-se mortal quando fere gravemente as virtudes da justiça e da caridade" (n. 2484).

— "Toda falta cometida contra a justiça e a verdade impõe o *dever de reparação*, mesmo que o autor tenha sido perdoado" (n. 2487). Seria maravilhoso se a mídia observasse sempre esse dever de justiça.

3. Dizer a verdade com caridade

Acabamos de citar a frase do *Catecismo* (n. 2484), que diz que a mentira pode ser pecado mortal "quando fere gravemente as virtudes da justiça e da *caridade*".

Certamente a *mentira* pode ferir gravemente a caridade (é o caso da calúnia, que mente). Mas é preciso ter em conta que também dizer a *verdade* pode ferir gravemente a caridade, dependendo da intenção e do modo como é dita.

Existem pessoas que, com a desculpa de serem — como elas dizem —, "muito sinceras", "muito espontâneas", dizem as verdades como quem atira uma pedra na cabeça ou dá uma bofetada na cara do próximo. Não "dizem" a verdade, mas a "usam" como uma arma para ferir.

São Paulo escrevia aos efésios que é preciso fazer a verdade na caridade, *viver segundo a verdade, no amor* (cf. Ef 4,15).

Por isso, para não nos enganarmos dizendo que "eu sou muito sincero, muito franco", é importante reconhecer qual é a "intenção íntima" que nos leva a atirar nos outros a verdade como uma pedra:

— Pode ser o desejo de ofender e humilhar: quando a verdade é dita acusando ou achincalhando.

— Pode ser a inveja: "O seu namorado me falou..."

— Pode ser uma verdade íntima de outra pessoa proclamada grosseiramente em público (voltaremos a isso no próximo capítulo).

— Pode ser a chantagem, que às vezes — infelizmente — é praticada inclusive entre parentes ou colegas.

Enfim, toda verdade dita com a finalidade de magoar ou de ofender é uma verdade maldita (pode-se até tirar o hífen). São Tiago, que diz coisas fortes na sua Carta, afirma que *há línguas inflamadas pelo inferno* (cf. Tg 3,6). Isso deve ser para nós motivo de reflexão, sobretudo lembrando o que Jesus disse: *A boca fala daquilo de que o coração está cheio* (Lc 6,45). Pela nossa língua, podemos conhecer como é que está o nosso coração.

Questionário sobre a mentira

— Amo e pratico a sinceridade no relacionamento com as outras pessoas? Percebo que a sinceridade — que foge da mentira, do fingimento e da hipocrisia — é condição imprescindível para o bom relacionamento humano?

22. Justiça e verdade

— Caio em pequenas mentiras com facilidade? Acho que não têm importância? Tenho o vício de mentir exagerando ou dizendo meias-verdades?

— Minto por vaidade, para ficar bem e passar para os outros uma imagem superior à realidade do que eu sou e faço?

— Tenho o vício de mentir para me desculpar, para justificar os meus erros? Já permiti, alguma vez, que essa minha falta de sinceridade fizesse recair as suspeitas ou as culpas sobre outra pessoa?

— Sou pouco sincero com o confessor ou com o meu diretor espiritual? Escondo coisas para não passar vergonha, sem perceber que essas faltas de sinceridade fazem perder eficácia à ajuda espiritual que eu poderia receber?

— Utilizei alguma vez a mentira para obter vantagens, na vida profissional, comercial, etc?

— Caio na badalação? Finjo, por interesse, uma amizade, um afeto ou uma admiração que não tenho? Esqueço a pessoa quando a minha finalidade interesseira desaparece?

— Critico pelas costas colegas ou amigos, sem ter a lealdade de lhes falar com caridade e simplicidade, tentando ajudá-los a corrigir um erro?

— Educo os filhos, ou os alunos, no amor à sinceridade, animando-os a abrir o coração e mostrando-lhes com carinho que procuro compreendê-los, mesmo quando erram gravemente, facilitando assim que contem sem receio aquilo que lhes custa dizer?

Conclusões (Procure tirar as suas conclusões e anotá-las).

23. DIREITO E DEVER DE CALAR

1. Um dever de justiça

Assim como, no relacionamento humano, há o dever de dizer a verdade, também existe, em determinadas circunstâncias, o dever de calar a verdade. Já foram citadas estas palavras do *Catecismo*: "A veracidade observa um justo meio entre aquilo que deve ser expresso e o segredo que deve ser guardado; implica a honestidade e a discrição" (n. 2469). Pensemos um pouco no dever de calar:

a) Calar as "verdades" ofensivas é um dever de justiça que obriga em consciência. Já vimos isso nos capítulos 21 e 22.

b) Outro dever de justiça é respeitar o *direito à intimidade* de todas as pessoas. Não falar de uma intimidade que "não nos pertence". Não somos os proprietários da intimidade dos demais.

Um princípio ético incontrovertível é que todo ser humano tem o direito de manter reservados aqueles aspectos da sua vida — sobretudo da sua vida íntima, privada —, sobre os quais os outros não têm título algum. Com maior razão, se o fato de ventilar esses aspectos pudesse vir a causar algum dano aos legítimos interesses pessoais, familiares ou de terceiros.

Como é fácil que a curiosidade bisbilhoteira desrespeite esse direito, e "profane" a natural reserva dos outros, comentando coisas íntimas de sua vida — mesmo que sejam fatos verdadeiros e honestos — sem ter direito a isso, por tagarelice frívola ou maldosa.

Um atentado mais grave contra esse direito é publicar nos meios de comunicação, redes sociais, Internet, etc, suspeitas não comprovadas, ou processos judiciais que ainda estão em fase de instrução sem conclusões válidas. Repetir, entre amigos ou colegas, esses comentários precipitados como se fossem coisa certa é "dar falso testemunho", um pecado contra o oitavo mandamento. O dever moral é o de calar-se.

Outro atentado contra esse direito à intimidade é ler, sem autorização, cartas, e-mails, mensagens enviadas pelo celular, etc. Do mesmo modo, também seria uma falta contra a justiça — por violar esse direito — ler agendas ou diários íntimos de outros, sem a sua autorização. Ou revistar indevidamente seus móveis, bolsos e gavetas. Ou espiar por janelas, frestas e buracos de fechadura.

2. O dever do silêncio

Todos nós também temos o dever — não só o direto — de não manifestar determinadas verdades, em uma série de casos. Vejamos quatro deles:

1º) *Segredo profissional.* O *Catecismo* (n. 2491) cita o exemplo dos médicos (por motivos éticos óbvios), militares e políticos (sigilo por razões de ordem pública) e juristas (advogados, promotores, juízes).

2º) *Segredo prometido.* É um dever de justiça, quando alguma coisa nos foi confiada sob o compromisso ou promessa (aceitos por nós) de não divulgá-la. Quebrar a promessa seria, além de uma falta contra a justiça, uma ofensa à fidelidade.

Deveríamos levar mais a sério esses compromissos, contra os quais se falha com facilidade ("prometi não falar, só conto a você mas não fale para ninguém..."). Não faltava uma ponta de razão àquele que comentava, com amarga ironia: "Se você deseja divulgar amplamente alguma coisa, confie-a a um amigo sob segredo".

3º) *Segredo natural.* Chama-se assim à obrigação de guardar segredo sobre realidades da vida privada, íntima, das pessoas, ou sobre informações oficiais secretas, quando, involuntariamente, sem que haja curiosidade nem malícia, se toma conhecimento delas. Por exemplo: por ouvir de passagem, sem querer, uma conversa particular; por encontrar uma carta ou documento perdido, com informações que o autor nunca desejaria divulgar; por acessar, sem intenção disso, uma conversa íntima na Internet, e por ouvir, por defeito de linha, uma conversa telefônica de caráter privado.

A ética natural exige esse silêncio, mesmo que ninguém o tenha pedido nem o tenhamos prometido. Divulgar essas informações é, portanto, uma falta, que pode ser grave, contra a justiça e a caridade.

4º) *Segredo da confissão*, ou "sigilo sacramental". Este jamais pode ser violado pelo confessor, que está submetido a penas canônicas severíssimas se o fizer. Como diz o *Catecismo*: "O sigilo sacramental é inviolável; por isso, não é lícito ao confessor revelar o penitente, com palavras, ou de qualquer outro modo, por nenhuma causa" (n. 2490).

3. Quando se pode revelar um segredo?

O *Catecismo*, falando sobre os segredos confiado e profissional, esclarece que "devem ser guardados, salvo casos excepcionais em que a retenção do segredo causasse àquele que os confia, àquele que os recebe ou a um terceiro prejuízos muito graves e somente evitáveis pela divulgação da verdade" (n. 2491). É claro que isso não se aplica ao sigilo sacramental.

a) *Prejuízo grave a quem o confiou.* Suponhamos um colegial que revela a um amigo que já se viciou em uma droga perigosa, mas não falou com os pais nem quer que se fale com eles. O dever do segredo cessa, se o que o recebeu tem a certeza moral de que informar os pais é o único jeito de salvar o amigo e conseguir que faça um tratamento de desintoxicação. A mesma coisa, se alguém que namora tiver revelado em segredo a um colega que está com uma doença perigosa, que facilmente poderia contagiar a futura esposa e até levá-la à morte. É claro que o amigo deve avisar a moça.

b) *Prejuízo grave para quem o recebe.* Na complexidade da vida empresarial, imaginemos um colega que pede a outro segredo absoluto, e conta um fato sigiloso da diretoria que porá em grave risco o futuro profissional daquele que ouve. Este, mesmo que tenha prometido guardar segredo, antes de saber o alcance do fato, fica liberado dessa obrigação, se percebe que revelar o segredo a quem possa desatar o nó é a única forma de legítima defesa.

c) *Prejuízo para terceiros.* Todo médico e estudante de medicina sabe que o dever ético de guardar segredo profissional cessa quando o médico diagnostica uma doença que pode ser causa de uma epidemia, doença cuja prevenção deve ser providenciada com urgência e em âmbito regional ou nacional. E isso é assim, por mais que o paciente tenha exigido segredo, pois neste caso sua pretensão é injusta.

Em qualquer caso, para se poder revelar um segredo, é necessário que concorram *simultaneamente* as duas condições que menciona o *Catecismo* (n. 2491):

— Que a retenção do segredo possa causar *prejuízos muito graves.*

— Que esses prejuízos muito graves *somente possam ser evitados* pela divulgação da verdade.

Questionário sobre discrição e justiça

— Comento levianamente fatos da vida íntima de outras pessoas, se não há um motivo muito grave que exija, por razões de justiça, revelar esses segredos?

— Compreendo que ler, sem permissão do autor, correspondência particular, anotações de um diário íntimo, arquivos pessoais

23. Direito e dever de calar

de correspondência eletrônica, etc, é uma falta contra o direito à intimidade e, portanto, contra a justiça.

— Caio na frivolidade xereta de falar sem necessidade da vida alheia, esquecendo que é muito fácil exagerar ou deturpar o que se comenta? Percebo que esses comentários precipitados facilmente contêm inexatidões, que podem chegar a ser verdadeiras calúnias?

— Abuso da facilidade de comunicação dos modernos meios eletrônicos — especialmente das redes sociais — para cair no mexerico e fazer da intimidade de outras pessoas motivo de falatórios, gozações ou críticas?

— Já caí alguma vez na injustiça de utilizar técnicas eletrônicas ilegais para violar a natural reserva de informações particulares, financeiras, profissionais, etc?

— Sei guardar honestamente os segredos confiados a mim, ou por mim prometidos, evitando até palavras ou gestos que os possam revelar? Lembro bem dos casos — muito poucos — em que, por um dever de justiça, é possível e até obrigatório revelar esses segredos (excetuado sempre o segredo da confissão)?

— Certifico-me do critério moral certo, consultando se for o caso um bom orientador, quando tenho dúvidas sobre a possibilidade de revelar um segredo?

Conclusões (Procure tirar as suas conclusões e anotá-las).

24. A FORTALEZA

1. As duas faces da fortaleza

Após considerar alguns aspectos da prudência e da justiça, vamos abordar agora diversos traços da terceira virtude cardeal: a *fortaleza*.

Na nossa linguagem comum, quando ouvimos dizer de uma pessoa que é "uma mulher ou um homem *forte*" (em termos morais, espirituais), ou que é uma "alma *forte*", logo nos vem ao pensamento: deve ter coragem, deve ser firme, deve ser valente perante o sacrifício, deve aguentar pessoas, sofrimentos ou situações difíceis... Pensamos assim, e temos razão.

De fato, a fortaleza é uma virtude moral que robustece a nossa vontade, para que sejamos capazes de enfrentar, sem medo, coisas boas que são difíceis; e de irmos atrás do bem custoso, "árduo", sem desistirmos, dispostos a sofrer — por esse bem difícil — sem nos queixarmos nem desistir.

Só com essa descrição, vê-se logo que a fortaleza tem duas manifestações:

a) A capacidade de *enfrentar, de empreender*, assumir ideais, tarefas ou deveres difíceis. Neste sentido, o *Catecismo* coloca, entre os traços da fortaleza, os seguintes: "É a virtude moral que dá firmeza e constância na procura do bem".

b) A capacidade de *resistir*, de aguentar: "Torna-nos — diz ainda o *Catecismo* — capazes de resistir às tentações e superar os obstáculos..., de vencer o medo, inclusive da morte, de suportar a provação e as perseguições" (n. 1808).

O Papa João Paulo II, em uma catequese de quarta-feira (15/11/1978), referia-se ao valor da fortaleza nestes termos: "A virtude da fortaleza requer sempre uma certa superação da fraqueza humana e, sobretudo, do medo. O homem, por natureza, teme o perigo, as moléstias, os sofrimentos... Desejo render homenagem a todos os que têm a coragem de dizer "não" ou "sim" quando isso custa".

2. Breve elenco de "fraquezas"

As virtudes não são teorias nem ideais bonitos para admirar... São para viver. Não é verdade que todos precisamos muito de adquirir ou melhorar a fortaleza?

Para nos ajudar, vamos começar lembrando algumas das muitas "caras" da nossa fraqueza. Não para ficarmos complexa- dos, mas para que avivemos o desejo de lutar e de ser como aqueles primeiros cristãos aos quais escrevia São João: *Eu vos escrevo, jovens, porque sois fortes, porque a palavra de Deus permanece em vós, e porque vencestes o maligno* (1Jo 2,14).

Entre outras, podemos mencionar as seguintes fraquezas:

a) Fugir de ideais, tarefas ou deveres só porque são *difíceis*. Vivemos na cultura da facilidade e do menor esforço. Essa mentalidade é uma fábrica de pessoas de caráter débil, que recuam perante as dificuldades... e nunca chegam a nada sério. Todos deveríamos desejar o que certo estudante solicitava a São Josemaria: ""Peça que eu nunca queira deter-me no fácil". — Já o pedi. Agora só falta que te empenhes em cumprir esse belo propósito" (*Caminho*, n. 39). Veremos isso mais a fundo no capítulo 26.

b) Encolher-nos e parar quando surge um *obstáculo* que nos desafia. Os obstáculos existem para que o superemos e para nos engrandecer, não para que os contornemos e para nos apequenar dentro deles" (Ibid., n. 12).

24. A FORTALEZA

c) Ter medo do *sacrifício*, esquecendo que "nenhum ideal se torna realidade sem sacrifício" (Ibid., n. 175).

d) Ter pavor do *sofrimento*. Veremos, ao meditar sobre a paciência (Cap. 27), que a "arte de sofrer", com fé e amor, faz parte da virtude da fortaleza. Por ora basta meditar estas palavras: "Quero que sejas feliz na terra. — Não o serás se não perdes esse medo à dor" (Ibid., n. 217).

e) Ser do tipo *comodista*, que quer ser feliz vivendo vida "normal", "como todo o mundo", ou seja, vida medíocre, e se apavora ao pensar em "complicar a vida". A esses, Deus pode lhes dizer: "Vira as costas ao infame quando te sussurra ao ouvido: "Para que hás de complicar a vida"?" (Ibid., n. 6).

f) Ser do tipo *mole e frívolo*, que deveria meditar seriamente estas outras palavras: "Não caias nessa doença do caráter que tem por sintomas a falta de firmeza para tudo, a leviandade no agir e no dizer, o estouvamento..., a frivolidade, numa palavra. — Essa frivolidade, que — não o esqueças — torna os teus planos de cada dia tão vazios ("tão cheios de vazio"), se não reages a tempo — não amanhã; agora! — fará da tua vida um boneco de trapos morto e inútil" (Ibid., n. 17).

g) Ser dos que logo acham que fizeram muito e se *cansam* de fazer até o que seria o mínimo imprescindível. Deveriam aplicar a si mesmos este cutucão: "Não sejas frouxo, mole. — Já é tempo de repelires essa estranha compaixão que sentes por ti mesmo" (Ibid., n. 193).

Que lhe parece? Não acha que, se formos sinceros, nos reconheceremos em alguns desses traços?

Vamos reagir, então, e continuar a pensar na beleza da fortaleza e na necessidade urgente que temos dela. Para facilitar a tarefa, revisando o que acabamos de expor, meditemos agora com calma o seguinte.

Questionário sobre fraqueza e fortaleza

— Desculpo-me dizendo que "sou fraco", ignorando que isso não justifica nada, pois todos, com a ajuda de Deus, temos a possibilidade e o dever de cultivar a virtude da fortaleza?

— Perco a paz e me irrito quando aparecem dificuldades inesperadas? Sinto-me facilmente vítima da incompreensão dos outros ou das circunstâncias?

— Já refleti sobre o fundo de verdade que têm esses dizeres, pintados no para-choque de um caminhão de estrada: "A vida é dura para quem é mole"?

— Mudo de planos e horários só porque "custa" seguir o plano previsto?

— Tenho muitos caprichos e manias, que são para mim uma coleção de "imprescindíveis", que seriam perfeitamente dispensáveis?

— Sou mole até para o esforço físico de me levantar da cadeira e prestar ajuda a alguém que precise de um pequeno serviço?

— Sou, como dizia um humorista, uma "ameba de sofá", ou seja, alguém incapaz de sentar-se sem se esparramar nas cadeiras, poltronas e sofás como se fosse "coloidal", feito de gelatina?

— [Para pais] Educo os filhos na falsa liberdade de quem consente em todos os seus caprichos e imposições? Facilito a infantilização de filhos adolescentes, ou já alunos de cursos superiores, pajeando-os como se fossem bebês (levo-os à balada e vou procurá-los altas horas, dou-lhes carona até a faculdade para que não se incomodem pegando ônibus ou metrô)?

— [Idem] Já refleti que os pais pouco exigentes e muito condescendentes criam, nos filhos, personalidades inconsistentes, incapazes de encararem com coragem as lutas da vida (dificuldades profissionais, casamento, filhos)?

— [Idem] Caio na cilada de achar que a disciplina "bitola" e sufoca a liberdade? Não percebo que a indisciplina é uma fábrica de caprichosos, egoístas e covardes?

Conclusões (Procure tirar as suas conclusões e anotá-las).

25. Para adquirir fortaleza

Pode-se dizer que há "três forças" com as quais podemos conquistar a virtude da fortaleza. Não só com uma ou duas delas, mas com as três.

1. A força do Ideal

Só pode ter a *virtude* cristã da fortaleza — ser corajoso para lançar-se, e ser firme para aguentar — aquele que possui um motivo poderoso, um ideal pelo qual valha a pena viver e morrer.

Numa sala da sede central do Opus Dei em Roma, São Josemaria mandou colocar, como sanefa junto ao teto, a seguinte frase várias vezes repetida: "Vale a pena, vale a pena...". Um visitante perguntou-lhe por que estava tão repetida, e ele respondeu: "Porque mesmo assim há alguns que não se apercebem disso".

Uma vida sem ideal é triste, facilmente se decompõe e afunda na moleza. Nietzsche dizia (e desta vez acertou): "quando se tem algum "porquê", qualquer "como" se pode suportar". E penoso ver tanta gente sem "porquê".

Nós, os cristãos, "temos um tesouro de vida e de amor que não pode enganar" (Papa Francisco, *Evangelii Gaudium*, n. 265). O Amor, com maiúscula, esse é o grande ideal do cristão. Aquele que o conhece, que o assume, e que ganha entusiasmo por ele, *renova suas forças, cria asas como de águia, corre e não se afadiga, anda, anda e nunca se cansa* (Is 40,31).

Quem conhece Cristo, quem se enamorou dele e dele fez seu ideal (pois isso é ser cristão), entende por experiência estas palavras do Cântico dos Cânticos: *O amor é forte como a morte..., suas chamas são chamas de fogo, labaredas divinas. Aguas torrenciais não puderam extinguir o amor* (Ct 8,6-7).

Como diz o Papa Francisco: "Precisamos nos deter em oração para pedir a Jesus que volte a cativar-nos" (*Evangelii Gaudium*, n. 264).

2. A segurança da fé

"Alguns passam pela vida como por um túnel, e não compreendem o esplendor e a segurança e o calor do sol da fé" (*Caminho*, 575).

Queremos ver ao vivo esse "esplendor, segurança e calor" da fé? Ouçamos as experiências de São Paulo, exemplo impressionante de fortaleza.

Quem nos separará do amor de Cristo? A tribulação? A angústia? A perseguição? A fome? A nudez? O perigo? A espada?... Mas em todas essas coisas somos mais que vencedores pela virtude do que nos amou! (Rm 8,35-37).

Será que era um otimista por natureza? Não. Ele conhecia bem a sua fraqueza. Na mesma carta aos Romanos, falava dela: *Quem me livrará deste corpo de morte?* (Rm 7,4). E também escreveu aos coríntios, contando-lhes a sua incapacidade de superar uma dificuldade — tudo indica que era uma doença — que o limitava e, às vezes, o prostrava, atrapalhando o seu trabalho. Sentindo-se incapaz de vencer esse mal, dirigiu a Cristo uma oração cheia de humildade e de fé: *Por três vezes pedi ao Senhor que o apartasse de mim. Mas ele disse-me: Basta-te a minha graça, porque é na fraqueza que a minha força se revela totalmente* (2Cor 12,8-9).

Depois disso, São Paulo escrevia: *Alegro-me nas minhas fraquezas..., pois, quando me sinto fraco, então é que sou forte*

25. Para adquirir fortaleza

(Ibid., 12,10). E, com o coração cheio de confiança em Deus, desafiava as provações e contrariedades: *Tudo posso naquele que me dá força!* (Fl 4,13).

Esta é a grande "fonte" da fortaleza cristã: a confiança total em Deus — *porque Tu és, ó Deus, a minha fortaleza* (Sl 42 [43], 2) —, manifestada na oração cheia de fé e constância, e na luta esforçada por corresponder à ajuda divina. Essa luta é precisamente a terceira força para ganhar fortaleza.

3. A têmpera do sacrifício

A virtude humana da fortaleza — como todas as virtudes morais — consolida-se e cresce com o nosso esforço repetido. Já víamos que o *Catecismo* frisa que "as virtudes morais são adquiridas humanamente..., por atos deliberados... com todas as forças sensíveis e espirituais" (nn. 1803, 1804, 1810). Quando lutamos com fé e amor, a graça do Espírito Santo as sobrenaturaliza (cf. Caps. 9 e 10).

A luta por fazer "atos deliberados" da virtude da fortaleza exige necessariamente o sacrifício, a mortificação da moleza e das outras fraquezas que considerávamos no capítulo anterior. Mais uma vez, é preciso repetir: "Onde não há mortificação, não há virtude" (*Caminho*, n. 180).

Se queremos ser fortes, contemos em primeiro lugar com a fortaleza de Deus, e depois descubramos — com generosidade, sem medo — as mortificações concretas de que precisamos para vencer a moleza de caráter e a falta de espírito de sacrifício.

Podem servir de orientação os seguintes pensamentos de *Caminho*:

— "Acostuma-te a dizer que não" (n. 5). Naturalmente trata-se agora do "não" que dizemos às tentações da facilidade e da covardia.

— "Vontade. — Energia. — Exemplo. — O que é preciso fazer, faz-se... Sem hesitar... Sem contemplações" (n. 11). Ou seja, sem concessões nem desculpas, por mais "razoáveis" que pareçam.

— "As tuas grandes covardias de agora são — é evidente — paralelas às tuas pequenas covardias diárias. "Não pudeste" vencer nas coisas grandes, porque "não quiseste" vencer nas coisas pequenas" (n. 828).

— "Vontade. É uma característica muito importante. Não desprezes as pequenas coisas, porque, através do contínuo exercício de negar e negares-te a ti próprio nessas coisas — que nunca são futilidades nem ninharias —, fortalecerás, virilizarás, com a graça de Deus, a tua vontade, para seres, em primeiro lugar, inteiro senhor de ti mesmo. — E depois, guia, chefe, líder! — que prendas, que empurres, que arrastes, com o teu exemplo e com a tua palavra e com a tua ciência e com o teu império" (n. 19).

Questionário sobre a aquisição da fortaleza

— Vivo aberto a grandes ideais, mesmo que me veja fraco, porque tenho a consciência de que Deus não nos chamou à mediocridade, mas à santidade?

— Já tive alguma experiência da força que o amor, sobretudo o amor a Deus, pode infundir à vida, transformando uma pessoa mole e apática em alguém dinâmico, esforçado, criativo e generoso?

— Percebo que serei fraco na medida em que for egoísta? Vejo que na vida espiritual cristã, se só cuido de eu ser melhor, mas não me "dou", não me "entrego" ao serviço dos demais, muitas das minhas virtudes serão mais aparentes que reais?

— Confio em Deus? Lembro-me de que Cristo insistiu na necessidade da oração, para recebermos as graças de que necessitamos, e nos mandou pedi-las com humildade e perseverança, confiando plenamente em nosso Pai Deus?

25. Para adquirir fortaleza

— Peço a fortaleza que me falta, ao mesmo tempo em que me esforço por conquistá-la?

— Fico pessimista ao ver as minhas dificuldades e fracassos? Compreendo que, se perseverar na oração e no esforço, poderei dizer como São Paulo: "Tudo posso naquele que me dá força"?

— Sou generoso nas mortificações necessárias para ir desgastando, vencendo aos poucos, as minhas fraquezas? Compreendo que, neste ponto, a constância, a "perseverança sempre retomada com esforço" de que fala o *Catecismo*, é fundamental?

— Dou valor às mortificações pequenas, que tanto ajudam a temperar, a fortalecer o caráter, por exemplo: ser pontual, especialmente na hora de levantar e nos horários de trabalho e de estudo; ser equilibrado e sóbrio na comida e na bebida; e também ser controlado no uso de aparelhos eletrônicos; esforçar-me por evitar "o ar de cansado" ou de "aborrecido", etc?

— Desprezei sacrifícios pequenos (como ter detalhes amáveis com os outros, colocar as coisas em ordem, cuidar melhor das coisas materiais), com a desculpa de que "não têm importância", quando na realidade, não é questão de importância, mas de amor ou de falta de amor?

Conclusões (Procure tirar as suas conclusões e anotá-las).

26. A Magnanimidade

1. Um traço da fortaleza

Ao começarmos a meditar sobre a fortaleza (Cap. 24), víamos que essa virtude cardeal tem, como um primeiro traço fundamental, a capacidade de enfrentar, empreender, assumir ideais, tarefas ou deveres difíceis.

Esse traço básico da fortaleza manifesta-se na coragem e, mais especificamente, na *magnanimidade*, que literalmente quer dizer "alma grande", "grandeza de alma".

Santo Tomás de Aquino escreve que "o magnânimo tende para aquilo que é grande" (*Suma teológica* 2-2, 129, 4). Poderia traduzir-se também por "lança-se" ao que é grande. Diz ainda o santo doutor que "o magnânimo é difícil de contentar... Ele vai atrás da perfeição das virtudes" (Ibid., 129, 1).

É a vitória do amor e da fortaleza sobre a pusilanimidade (alma pequena), a mesquinhez e o conformismo.

2. Aspectos da magnanimidade

Uma descrição bastante completa da magnanimidade encontra-se no livro Amigos de Deus (n. 80), de São Josemaria. Vamos aproveitar trechos desse texto para meditar:

a) A magnanimidade "é a força que nos move a sair de nós mesmos, a fim de nos prepararmos para empreender obras valiosas, em benefício de todos". A primeira obra valiosa em favor de muitos é lutarmos para ser santos (vocação de todo batizado), pois é uma grande verdade que "essas crises mundiais são crises de santos" (*Caminho*, n. 301).

Depois, há grandes metas, objetivos, iniciativas valiosas — familiares, culturais, profissionais, patrióticas, sociais... —, que é preciso encarar sem encolher-se. E não esperar que outros as realizem e nos sirvam de bandeja tudo feito para nós colaborarmos de vez em quando com eles. O poeta Antonio Machado, através de uns versos famosos, nos indica o rumo a seguir: "Caminhante, são teus passos/ o caminho e nada mais;/ caminhante, não há caminho,/ faz-se caminho ao andar".

Perante a nossa resistência e o receio de aspirar a essas metas altas, nos fará bem meditar também os versos de Fernando Pessoa sobre a gesta marítima dos portugueses a caminho da Índia: "Valeu a pena? Tudo vale a pena/ se a alma não é pequena./ Quem quer passar além do Bojador/ tem que passar além da dor".

O que custa — como já víamos — é superar o medo do sacrifício e do sofrimento (o mundo desconhecido além do cabo Bojador), sem os quais não se faz nada grande.

b) "No homem magnânimo não se alberga a mesquinhez: não se interpõe a sovinice, nem o cálculo egoísta nem a trapaça interesseira".

Quem começa a calcular e a se poupar, pensando demais se vai dar ou não vai dar, se vai custar muito ou pouco, se haverá tempo, se compensa o esforço, que vantagens terá..., esse nunca sairá do acostamento, nunca entrará na estrada grande, nunca sairá da mediocridade e da passividade, e chegará ao fim da vida com as mãos vazias.

É interessante o que a Bíblia, no livro dos Provérbios, diz, dessas almas pequenas: *O preguiçoso se julga prudente* (Pr 26,16). Acha-se perspicaz e é míope. Morre sem "ver".

c) "O magnânimo dedica sem reservas as suas forças ao que vale a pena... Não se conforma com dar: *dá-se*". Essa é a resposta vigorosa à tentação do calculismo.

26. A Magnanimidade

A alma grande é generosa. Por isso, detesta os vícios dos falsos magnânimos: a petulância, o exibicionismo, a vaidade, a ambição, a procura de compensações. Dá, dá-se sem pedir nada em troca, e pratica o conselho de Jesus: *Que a tua mão esquerda não saiba o que faz a direita* (Mt 6,3).

d) "Magnanimidade é ânimo grande, alma ampla, onde cabem muitos". Esta é uma das mais belas características da magnanimidade. No coração do magnânimo não cabem apenas os familiares, os amigos e os colegas. "Cabem muitos". Tem uma visão larga, enxerga longe, vê um campo enorme para fazer o bem, e percebe que alguém (ele mesmo!) tem de fazê-lo. Por isso, sabe trabalhar para o futuro, sem pressa de saborear logo os resultados.

Questionário sobre a magnanimidade

— Procuro ter uma alma generosa, estando sempre disposto a me propor ideais e metas elevadas, disposto a crescer sem me deter antes da hora, a amadurecer nos verdadeiros valores do homem e do cristão?

— Quando sinto a tentação de ser "normal", de ser "como todo o mundo", procuro lembrar-me de que o modelo do cristão é Cristo, e que o ideal "normal" da vida cristã é o que Ele nos propõe no Evangelho?

— Compreendo que a mediocridade não depende das circunstâncias e limitações externas nem da monotonia dos meus deveres habituais, mas das disposições do meu coração?

— Sinto como dirigidas a mim as palavras de Cristo no Sermão da Montanha, resumo dos ideais cristãos: *sede perfeitos, como é perfeito o vosso Pai que está nos céus*?

— Ao pensar no que Deus me pede, fico retraído por medo do sacrifício, sem me lembrar de que Deus ajuda as almas generosas e "não se deixa ganhar em generosidade"?

— Tenho grandeza de alma para desculpar, perdoar, compreender e passar por cima de pequenezes inevitáveis, especialmente em relação aos companheiros com quem colaboro em iniciativas educativas, sociais, apostólicas?

— Quando me disponho a colaborar em coisas grandes, tenho presente que "tudo o que é grande começou por ser pequeno"? Procuro cuidar da constância e da responsabilidade nos detalhes que vão assentando os alicerces do empreendimento?

— Tenho fé em que "um pequeno ato, feito por amor" tem um valor grande aos olhos de Deus?

— As dificuldades são para mim um freio e um motivo de desânimo ou, pelo contrário, um desafio que me espicaça a lutar sem perder a confiança em Deus e nos meus companheiros de ideal?

— Peço a Deus um coração grande, alimentado pelo seu próprio amor, um coração que se assemelhe cada vez mais ao Coração de Cristo?

Conclusões (Procure tirar as suas conclusões e anotá-las).

27. A PACIÊNCIA

1. A arte de sofrer

Dedicamos o capítulo anterior a um dos dois traços principais da fortaleza: a coragem de *empreender*, de enfrentar a realização de coisas difíceis e grandes: a *magnanimidade*.

O outro traço é a capacidade de resistir, de "vencer — como diz o *Catecismo* — o medo, inclusive da morte, de suportar a provação e as perseguições. Dispõe a pessoa a aceitar até a renúncia e o sacrifício da sua vida para defender uma causa justa" (n. 1808).

Esse aspecto da fortaleza resume-se numa palavra: *paciência*. Santo Tomás de Aquino afirma uma e outra vez que esse segundo traço da virtude da fortaleza é o principal, e tem como ponto culminante o martírio.

A palavra paciência procede do latim *pati*, que significa padecer. A virtude da paciência é, de fato, "a arte de padecer". Quando está vitalizada pela graça do Espírito Santo, pode-se definir como "a arte se sofrer com fé, esperança e amor", sobretudo com amor.

É muito sugestivo o fato de que São Paulo, no seu famoso hino à caridade, quando enumera os traços principais do amor cristão, coloque em primeiro lugar a paciência: *O amor é paciente* (1Cor 13,4). É o que ele procurava praticar. Aos Coríntios, escrevia: *Suporto tudo por amor dos escolhidos* (2Tm 2,10); e aos Colossenses: *alegro-me nos sofrimentos suportados por vossa causa* (Cl 1,24).

Com seu estilo conciso, Santo Tomás escreveu: "Só o amor é causa da paciência" (*Suma Teológica*, 2-2, 136, 3).

Quer dizer que toda impaciência tem como causa a falta de amor, de amor a Deus ou de amor ao próximo, ou de ambos.

2. A sabedoria prática do amor

É lógico, portanto, que a causa das nossas impaciências seja o contrário do amor, isto é, o amor-próprio egoísta. Por isso, é importante aprender a "sabedoria prática do amor" que leva a ganhar a virtude da paciência. Vamos ver alguns de seus aspectos;

a) Saber ir além de suportar

O emérito Papa Bento XVI falava dessa sabedoria: "A paciência é o rosto cotidiano do amor. Nela, a fé e a esperança também estão presentes. Porque, sem a esperança que vem da fé, a paciência seria apenas resignação, e perderia o dinamismo que a faz ir além do esforço de suportar uns aos outros, para ir ao esforço de ser uns o suporte dos outros" (*Docum. Catholique*, 2005, n. 1, pp. 4 ss).

É isso o que São Paulo nos pede na Carta aos Gálatas: *Levai os fardos uns dos outros, e assim cumprireis a lei de Cristo* (Gl 6,2).

b) Saber esperar

Sede pacientes, irmãos — escreve São Tiago —, *vede como o lavrador aguarda o precioso fruto da terra e tem paciência até receber a chuva temporã e a tardia. Tende também vós paciência e fortalecei os vossos corações* (Tg 5,7-8).

São Josemaria fala dessa sabedoria: "quem sabe ser forte não se deixa dominar pela pressa em colher o fruto da sua virtude; é paciente. A fortaleza leva-o a saborear a virtude humana e divina da paciência... E é esta paciência que nos leva também a ser compreensivos com os outros, persuadidos de que

27. A PACIÊNCIA

as almas, como o bom vinho, melhoram com o tempo" (*Amigos de Deus*, n. 78).

c) Saber calar

Como é importante calar quando a ira ou a impaciência fervilham dentro de nós. "Não repreendas quando sentes a indignação pela falta cometida. — Espera pelo dia seguinte, ou mais tempo ainda. — E depois, tranquilo e com a intenção purificada, não deixes de repreender. — Conseguirás mais com uma palavra afetuosa do que com três horas de briga" (*Caminho*, n. 10).

O personagem dos célebres contos policiais de Chesterton, o Pe. Brown, "tinha esse hábito do silêncio amistoso, que é tão essencial ante a tagarelice alheia" (*A inocência do Pe. Brown*, Sétimo Selo, p. 195).

Não segurar a língua, retrucar, replicar..., é assim que se cai no bate-boca, na briga. Por não saber calar, desencadeamos discussões e brigas que às vezes se prolongam por anos.

d) Saber falar

Quando a impaciência nos ataca, a primeira coisa que deveríamos fazer, depois de esforçar-nos por calar, é falar com Deus. Nunca falemos "só conosco", com esses debates íntimos da imaginação esquentada, que só aumentam o nervosismo e a amargura íntimos. Menos ainda falemos, irritados, com a pessoa que provocou a impaciência, querendo mostrar-lhe que nós temos razão e ela não.

Primeiro, portanto — e às vezes por muito tempo —, falemos com Deus, fazendo oração: procurando ver com Ele a verdadeira dimensão das coisas, pedindo-lhe forças para carregar a Cruz com serenidade, suplicando-lhe que nos comunique um pouco da paciência com que Cristo enfrentou o juízo iníquo, o caminho da Cruz e a crucifixão.

Experimentemos também invocar a nossa Mãe, Santa Maria, dizendo-lhe: "Rainha da paz, rogai por nós!". É uma oração de uma eficácia impressionante.

E também será oportuno, muitas vezes, falar com quem nos possa orientar espiritualmente sobre a melhor maneira de santificar as contrariedades.

e) Saber praticar as mortificações da paciência

Em vez de comentá-las agora, vamos incluí-las nas perguntas do questionário.[6]

Questionário sobre a paciência

— Vejo claramente que uma das manifestações principais da fortaleza é a paciência, que leva a resistir às dificuldades, ao sofrimento e ao cansaço, sem cair nas queixas nem no desânimo?

— Esforço-me por aceitar pacientemente os defeitos alheios, sem me irritar, sem ofender, sem perder a serenidade nem cair na autocompaixão?

— Costumo dizer, em tom de queixa, que preciso de ter muita paciência com as pessoas e com as dificuldades da vida? Não percebo que as almas grandes, por serem generosas, precisam de menos paciência, porque aceitam com mais naturalidade o sacrifício?

— Evito comentar desnecessariamente com os outros as dores, gripes, ou outro tipo de mal-estar físico? Evito também resmungar do frio, do calor, da lentidão do trânsito, etc?

— No relacionamento com os outros, respondo ao mal com o mal, ou sei controlar-me, esperar, oferecer a Deus a mágoa, e

---

[6] Se desejar uma reflexão ampla sobe a paciência, pode ler o livro *A paciência*, Ed. Quadrante, 1995.

27. A PACIÊNCIA

reagir serenamente, procurando — sempre que seja possível — "afogar o mal na abundância de bem"?

— Tenho paciência com os que usam de conversas intermináveis ao telefone, e procuro o modo mais delicado de abreviá-las?

— Sei repetir calmamente as explicações que dou a outros, quando não as entendem de início ou ficam pedindo esclarecimentos que me parecem inúteis?

— Implico com os maus hábitos, tiques ou cacoetes dos outros, como a mania de bater na cadeira ou no sofá, de fungar, de contar piadas sem graça...?

— Evito os modos ásperos de falar, de cobrar, de lembrar aos outros o que deveriam ter feito?

Conclusões (Procure tirar as suas conclusões e anotá-las).

28. A CONSTÂNCIA

1. A vitória sobre os obstáculos

Quando Santo Tomás estuda as virtudes, contempla a *constância* como uma parte da fortaleza. Uma virtude que, como a *perseverança* — muito semelhante a ela —, participa das duas dimensões da fortaleza: enfrentar e resistir.

São duas virtudes quase gêmeas, mas que o santo doutor distingue. Ensina que é próprio da perseverança "persistir" no bem que começamos, sem abandonar a luta pela dificuldade da "duração" (o esforço prolonga-se, cansa, é monótono, e por isso impacienta).

Quanto à *constância*, é próprio dela persistir firmemente no bem, sem desistir quando aparecem *obstáculos* inesperados, que nos surpreendem porque estão fora do que nós prevíamos (cf. Suma Teológica, 2-2,137,3c). Esses obstáculos nos *põem à prova*, e a constância consiste em superá-los sem deixar que nos derrubem.

Na Bíblia, Deus fala da necessidade da constância, e ensina-nos que as dificuldades nos fazem bem. Mais ainda, diz-nos, muitas vezes, que as dificuldades são necessárias e construtivas:

— *Deus provou os justos e os achou dignos de si. Ele os provou como ouro na fornalha, e os acolheu como holocausto* (Sb 3,6).

— *Feliz o homem que suporta a provação, porque depois de ter sido provado, receberá a coroa da vida, que o Senhor prometeu aos que o amam* (Tg 1,12).

— *A tribulação produz a constância, e esta produz a virtude a toda a prova* (Rm 5,3-4).

2. As provas da constância

a) As dificuldades são desafios

Nada que tenha valor é fácil. A vida cristã, obviamente, também não. Cristo falou-nos bem claro de que, no nosso caminho, não faltará a cruz: *Se alguém quer vir após mim... tome a sua cruz e siga-me* (Mt 16,24).

Mas a cruz não é morte, é vida. Pela Cruz, Jesus chega ao cume do amor e à glória da ressurreição, à plenitude da sua vida na terra e da sua missão redentora: *Tudo está consumado* (Jo 19,30), tudo está pleno, acabado, perfeito — disse ao morrer. Também nós, para chegarmos à plenitude da vida cristã precisamos superar, com a força da cruz, a fragilidade do amor, o medo da santidade, a resistência ao sacrifício, a vertigem dos cumes.

A dificuldade desafia-nos a ser autênticos. Queremos ou não ser cristãos? Amamos ou não amamos?

A resposta a essas perguntas será dada pela nossa coragem em enfrentar os obstáculos, na luta por superá-los, por mais que custe, sem cair vencidos por eles. É com essa *constância* que se forjam as famílias santas, os sofrimentos santificados ("sofro porque dói, sorrio porque Ele me ama" — dizia aquele amigo de que falávamos antes), as vocações grandes, os apostolados fecundos, as virtudes sólidas, a têmpera dos santos.

Pense que cada dificuldade, no caminho do amor e das virtudes, pode ser uma pedra de tropeço ou um degrau de subida.[7] Peçamos a ajuda de Deus para termos a coragem de transformar os obstáculos em degraus da escada que leva ao céu.

---

[7] Se desejar aprofundar neste tema, pode ler o livro *O valor das dificuldades*, Ed. Quadrante, 1989.

28. A CONSTÂNCIA

b) As dificuldades fazem crescer

Como acabamos de ver, as dificuldades — quando estamos decididos a amar — nos fazem subir.

Poderíamos fazer uma comparação. Na passagem da infância para a adolescência, o crescimento nota-se quase visivelmente, porque costuma ser acelerado. Depois, não se percebe de um mês para outro, mas o corpo amadurece e, a um ritmo quase invisível, vai se aproximando da "idade perfeita".

Assim — de modo quase imperceptível, mas constante — deveria ser o crescimento do nosso amor e das nossas virtudes, da nossa vida cristã. Em cada dia há dificuldades, pequenas ou não tão pequenas, que nos chamam a *dar-nos mais*, a dar *algo mais* e, portanto, a crescer: pedem mais generosidade, mais mortificação, mais autodomínio, mais carinho, mais compreensão, mais oração, mais disponibilidade... Atrás de cada um desses "mais", sempre existe uma "pedra de tropeço", uma dificuldade, que podia fazer-nos cair ou retroceder, mas que nós — com a ajuda de Deus — transformamos em degrau.

Agradeçamos a Deus as dificuldades. Sem elas, seríamos anões espirituais. É célebre o alerta que dava, a esse respeito, São Gregório Magno: "Há alguns que querem ser humildes, mas sem serem desprezados; que querem ser castos, mas sem mortificar o corpo; ser pacientes, mas sem que ninguém os ofenda; adquirir virtudes, mas recusando a luta que as virtudes trazem consigo... É como se, não querendo saber nada dos combates no campo de batalha, quisessem ganhar a guerra vivendo comodamente na cidade" (*Moralia*, 7, 28.34).

c) As dificuldades nos purificam

Já vimos que a Sagrada Escritura fala das provações como de um crisol, onde o ouro da nossa alma se libera da escória e sai purificado.

Na vida espiritual cristã é assim mesmo. Todas as dificuldades enfrentadas com constância nos purificam. Sobretudo, as provações que Deus manda ou permite, e que nós aceitamos com fé e amor, unidos a Cristo na Cruz.[8]

De maneira expressiva, São Josemaria escreveu: "Não te queixes, se sofres. Lapida-se a pedra que se estima, que tem valor. — Dói-te? Deixa-te lapidar, com agradecimento, porque Deus te tomou nas suas mãos como um diamante... Não se trabalha assim um pedregulho vulgar" (*Sulco*, n. 235).

E acrescentava, com a experiência de sua alma santa: "A Cruz está presente em tudo, e chega quando menos se espera. — Mas não esqueças que, ordinariamente, andam emparelhados o começo da Cruz e o começo da eficácia" (*Sulco*, n. 256).

3. Um símbolo visível

No livro *Recordações sobre Mons. Escrivá*, D. Javier Echevarría evoca um episódio que resume quase toda esta consideração.

"Lá pelo ano de 1954 ou 1955, chegou-lhe às mãos [a São Josemaria] uma estátua de mármore, toda despedaçada. Pediu que a recompusessem, sem dissimular as fissuras da pedra e deixando-a também sem cabeça, tal como havia chegado. Foi colocada num terraço da sede central do Opus Dei [em Roma]... Queria colocar debaixo dessa estátua uma legenda. Numa noite de insônia, parafraseando umas palavras de São Bernardo, compôs o seguinte texto:

"*Non est vir fortis / pro Deo laborans / cui / non crescit animus / in ipsa rerum difficultate / etiam si aliquando / corpus dilanietur*" (p. 20).

---

[8] Se tiver interesse, pode achar um desenvolvimento destas reflexões no livro *A sabedoria da Cruz*, Ed. Quadrante, 2001.

28. A CONSTÂNCIA

Tradução: "Não há varão forte que trabalhe por Deus, cujo ânimo não cresça perante as dificuldades, ainda que vez por outra o corpo se rompa".

Questionário sobre a constância

— Vejo as dificuldades da vida como um convite de Deus para "ir além", para crescer em qualidade humana e espiritual, numa escalada do bom para o melhor?

— Encaro os meus ideais familiares, profissionais e sociais como uma missão? Procuro realizá-los com generosidade e alegria? Deixo para trás a tentação de me acomodar, de me encolher quando a caminhada se torna áspera?

— Cumpro os meus deveres como quem carrega um fardo, ou como quem aspira a alcançar cada dia uma maior perfeição, passando por cima das desilusões, das incompreensões, da ingratidão?

— Quando surgem os obstáculos, procuro "interpretar" o que Deus me diz através deles? Concretamente, que virtudes me pede nesses momentos difíceis?

— Percebo que as minhas inconstâncias, muitas vezes, "denunciam" os defeitos que barram o meu progresso cristão, e que me deixam morno e estagnado?

— Sou um "derrotado prévio", isto é, alguém que se rende e se dá por vencido antes de ter combatido? Por que "largo as armas" (as virtudes difíceis) tão facilmente? Se conseguisse responder a isso, conheceria melhor as fraquezas que devo vencer.

— Queixo-me com frequência dos problemas da vida? Suspiro por uma vida mais fácil? Não compreendo que aquele que muito se queixa revela falta de vigor de alma, de ideais, de coragem?

— Enfrento, com confiança em Deus, o obstáculo das minhas próprias faltas? Procuro levantar-me logo das minhas quedas, pedir ajuda ao Senhor, e continuar a luta com mais brio?

— Compreendo que, para uma alma decidida e perseverante, não hás fracassos; e que é verdadeira esta afirmação de Caminho: "Não fracassaste; adquiriste experiência. — Para a frente!"?

— Agradeço a Deus as contrariedades que Ele permite para limpar e fortalecer a minha alma?

Conclusões (Procure tirar as suas conclusões e anotá-las).

29. A MODERAÇÃO

1. Uma qualidade de todas as virtudes

Quando Santo Tomás de Aquino estuda a quarta virtude cardeal, a *temperança*, diz que essa palavra pode ter dois sentidos: "Primeiro, o mais *geral*... Nesse caso, a temperança indica aquela moderação ou comedimento imposto pela razão às ações e paixões humanas, o que é comum a todas as virtudes morais" (*Suma Teológica*, 2-2, 141, 2c).

Ao lado dessa — continua explicando —, há a temperança "por antonomásia", em sentido estrito, que é uma virtude específica, como as outras três virtudes cardeais, e tem como finalidade moderar a atração dos desejos e prazeres sensíveis "que mais fortemente nos atraem" (cf. Ibid.).

Vamos dedicar esta meditação ao primeiro sentido da palavra: à temperança que consiste em "moderar" todas as virtudes, colocando-as no seu "ponto de equilíbrio", no seu "ponto certo".

2. O ponto errado

Acontece muitas vezes que condutas, que em si mesmas são boas e têm aspecto de virtudes, deixam de ser virtudes porque perdem o equilíbrio: tomam-se abusos, exageros, absurdos, extravagâncias.

Encontramos muitos exemplos disso na vida cotidiana (às vezes, unidos a desequilíbrios psíquicos). Pense no caso da pessoa que tem a "mania da ordem" (que ela confunde com a virtude da ordem) e inferniza a vida dos outros quando um objeto está três centímetros fora do lugar. Ou nos exageros de outros quanto ao cuidado da saúde — que é um dever —, que os levam à hipocondria e ao consumo desmedido de remédios. Ou na conduta do *workaholic*, que só vive para o trabalho, e sacrifica a esposa, os filhos e a saúde a essa labuta obsessiva (que nada tem a ver com a virtude da laboriosidade). O exagero, evidentemente, é um "ponto errado".

Mas é igualmente errado achar que a moderação e o equilíbrio consistem sempre num meio-termo momo, *nem frio nem quente* (cf. Ap 3,15): "Não exageremos! — dizem esses moderados — Sejamos razoáveis!". O que, traduzido, significa quase sempre: "Sejamos medíocres, basta ser morno". Esse "meio-termo sensato" é o álibi dos comodistas.

A essas pessoas sem aspirações, de baixa estatura moral, referia-se São Josemaria ao escrever: "Seria um erro pensar que a expressão *meio-termo*, como elemento característico das virtudes morais, significa mediocridade, como que a metade do que é possível realizar. Esse meio entre o excesso e o defeito é um cume, o mais elevado que a prudência indica" (*Amigos de Deus*, n. 83).

A virtude é um bem, e a todo bem deve aplicar-se o que dizia Aristóteles e Santo Tomás comenta: que, em relação ao bem "a norma consiste no extremo, no máximo" (Cf. *Suma Teológica*, 1-2, 64, 1).

A virtude é um "cume" ao qual se aspira. Vamos refletir sobre dois tipos de cume.

3. Os cumes absolutos

Existem valores e virtudes cujo "ponto certo", "equilibrado", é sempre o mais elevado possível. A acomodação ao "mais ou menos" é incompatível com eles.

29. A MODERAÇÃO

Imagine frases absurdas como as seguintes:
— Respeite a vida alheia "mais ou menos", só atropele alguns pedestres por mês.
— Tenha um amor "médio" aos filhos. Não os ame muito.
— Seja só meio-responsável e meio-honesto.
— No amor a Deus faça "média". Nada de fanatismos.

É evidente que essas virtudes amaciadas não podem ser verdadeiras virtudes. Basta escutar a Cristo. Ele ensina que devemos amar a Deus seguindo a pauta do primeiro mandamento, que já se encontra no Velho Testamento: *Amarás com todo o teu coração, toda a tua alma, com todo o teu espírito e com todas as tuas forças* (Dt 6,5; Mc 12,29). Diz "com todo", não "com meio".

Após falar do amor ao próximo até chegar ao perdão dos inimigos, Jesus indica: Portanto, sede perfeitos, assim como o vosso Pai celeste é perfeito (Mt 5,49). Dado que é impossível igualar a perfeição de Deus, isso significa que devemos ir sempre além, sem pôr limites à procura da perfeição.

4. Os cumes relativos

Aqui, a palavra "relativo" não significa "mais ou menos", um coquetel de "sim" e "não". O significado exato é o da frase de Amigos de Deus (n. 83) acima citada: a virtude está no "meio entre o excesso e o defeito: é um cume, o mais elevado que a prudência indica".

Acabamos de ver que os valores absolutos não admitem mais ou menos.

Mas há outras virtudes que são um bem que pode extrapolar pelos dois extremos: por excesso, e por defeito.

Exemplificando:
— A laboriosidade ergue-se no ponto certo entre os extremos da preguiça e do ativismo desordenado.
— A coragem, no ponto certo entre a covardia e a temeridade.

— A humildade, no ponto certo entre o orgulho e o autorrebaixamento falso.

— Cada um desses extremos (por excesso ou por defeito) é um barranco em que a virtude pode despencar e morrer. Mas, no meio desses dois barrancos, a virtude ergue-se como uma montanha, um pico ao qual devemos aspirar, com a graça de Deus, aquele "cume mais elevado que a prudência indica".

5. O bom "moderador"

Uma última consideração. Olhemos para o regente de uma orquestra, que tem a função de ser o harmonizador, o "moderador" de todos músicos. Tem a responsabilidade de que cada instrumento dê a nota certa no momento certo, sem omissões, invasões nem estridências.

Não seria bom regente o que permitisse que o trombone encobrisse o solo do violoncelo, ou que as cordas entrassem tarde e descompassadas, ou que os instrumentos de sopro previstos brilhassem pela sua ausência.

De forma análoga, a virtude da moderação exige que sejamos bons regentes de nós mesmos, organizando-nos de modo que todos os aspectos da vida "deem a nota certa no momento certo", sem tolerar, por exemplo, que a navegação ociosa na Internet afogue a oração, ou que — como tantas vezes comentamos neste livro — o trabalho abafe o carinho e a dedicação à família.

Questionário sobre a moderação

— Compreendo que só haverá equilíbrio em minha vida quando souber conjugar harmonicamente, com dedicação e tempo suficientes, todos os meus deveres: religiosos, familiares, profissionais, sociais?

29. A MODERAÇÃO

— Evito a falsa moderação das almas mesquinhas, que se instalam na mediocridade e acham que a atitude mais equilibrada é a de ficar num meio-termo, que não é senão comodismo e tibieza?

— Considero exagero aspirar, por amor a Deus e ao próximo, a ideais e sacrifícios que ultrapassam a média do que fazem os cristãos aburguesados?

— Percebo que o maior abuso e exagero que pode haver na minha vida é colocar-me a mim no centro, como medida de todas as coisas, e deixar Deus encostado à margem?

— Que penso da "radicalidade evangélica", que o Papa João Paulo II propunha como ideal a todos os católicos? Penso por acaso que é um exagero, quer do Evangelho, quer do Papa?

— Não descobri ainda que as minhas insatisfações e vazios devem-se muito mais à fragilidade das minhas virtudes fracas, do que a alguns sonhos fantasiosos que não consegui realizar?

— Irrito-me quando vejo que outros acham "normal" — na entrega a Deus, na dedicação ao próximo, no serviço aos pobres e doentes — o que eu acho "excessivo"? Não compreendo que um coração calculista sempre acha exagerada a generosidade?

— Compreendo que vale a pena me esforçar por conseguir o tempo necessário para as coisas de Deus e o serviço do próximo? Deixo para trás coisas que, aos olhos de Deus, são prioritárias?

— Proponho-me metas concretas de crescimento nos aspectos fundamentais da minha vida? Procuro não esquecer que todos os batizados somos chamados à santidade?

Conclusões (Procure tirar as suas conclusões e anotá-las).

30. A TEMPERANÇA

1. A virtude cardeal da temperança

Depois de meditar sobre a temperança em sentido amplo — a moderação necessária para todas as virtudes — consideremos agora a virtude cardeal da temperança.[9]

O *Catecismo* fala das várias dimensões dessa virtude. De modo geral, a define como "a virtude moral que modera a atração pelos prazeres e procura o equilíbrio no uso dos bens criados. Assegura o domínio da vontade sobre os instintos e mantém os desejos dentro dos limites da honestidade" (n. 1809).

Podemos dizer, com outras palavras, que a temperança estabelece e mantém o equilíbrio, a harmonia, entre a dimensão espiritual e a dimensão corporal do homem.

Por ela, o espírito (a razão e a vontade, mais a graça do Espírito Santo) "modera" as tendências instintivas da natureza e a ânsia de prazer. Mantém equilibradas, especialmente, as tendências e prazeres ligados à autoconservação (comer, beber, descansar, sexualidade). Faz com que vivamos de acordo com a dignidade humana e com a condição de filhos de Deus.

---

[9] Uma reflexão bem mais ampla sobre este tema pode ser encontrada no livro *Autodomínio: elogio da temperança*, Ed. Quadrante, 2004.

2. Moderar não é anular

É importante reparar que, ao definir a temperança, o *Catecismo* não usa as expressões "suprime", "reprime", "abafa"...

O cristianismo não é inimigo do corpo, nem do prazer. Basta pensar que Deus assumiu um corpo humano em Jesus Cristo — que nós adoramos na Eucaristia (cf. Jo 6,56) —, e que o primeiro milagre de Cristo foi a transformação da água em vinho, em Caná, para que não se prejudicasse a alegria de um banquete de casamento (Jo 2,1 ss).

Por isso, Santo Tomás de Aquino falava do "pecado da insensibilidade", que se dá quando "se rejeita o prazer, a ponto de abandonar as coisas que são necessárias à conservação da natureza"; e até afirmava que "se alguém se abstivesse do vinho de tal maneira que com isso prejudicasse a natureza, não estaria livre de culpa" (*Suma Teológica*, 2-2, 142,1 e 153,4).

Dizer que a matéria e o corpo são maus é uma afirmação própria da heresia do maniqueísmo, é anticristã. Justamente porque o corpo é criado por Deus, porque é um grande dom de Deus, é necessário mantê-lo equilibrado dentro de seu bem razoável, a fim de que nem os abusos, nem as deturpações, nem as loucuras o aviltem ou o estraguem. Esta é a função da virtude da temperança.

Alguém dizia que, simbolicamente, Deus pôs o homem em pé, para que entendesse que a cabeça está por cima do resto: a cabeça está por cima do coração; e cabeça e coração, por cima do ventre e do sexo. Transtornar essa ordem, colocando a gula ou o sexo acima do coração (do amor) e da cabeça (num nível irracional), isso é degradar o homem.

3. A ordem e a desordem no prazer

Ao texto acima citado, o *Catecismo* acrescenta que "a pessoa temperante guarda uma santa discrição e não se deixa arrastar pelas paixões" (cf. n. 1809).

30. A TEMPERANÇA

Vida virtuosa é "vida em ordem", guiada pela razão e pelas luzes de Deus. O pecado é uma desordem: a falta de harmonia com Deus, com a verdade e com o bem.

Em que consiste a desordem, em matéria de temperança? Fundamentalmente em três coisas:

a) Usar o que existe para o bem como instrumento para o mal

Pensemos que, em geral, o homem pode usar as suas mais nobres faculdades, a inteligência e a vontade, tanto para o bem como para o mal: por exemplo, para criar armas de destruição em massa, ou planejar e executar guerras, crimes e injustiças.

A intemperança reflete esse tipo de desordem:

— transformar aquilo que existe para servir à vida — o alimento e a bebida — em instrumento do mal, que leva a perder a saúde física e psíquica;

— como o sexo, que é manifestação santa de amor entre os esposos e colaboração com Deus criador, como mero gozo sem responsabilidade, ou como crime (por exemplo, abuso de menores), ou como adultério e traição.

b) Transformar o que existe para "servir" em tirano que escraviza

Comida, bebida, sexo, são, no plano de Deus criador, "servidores" da vida e do amor.

Quando descambam e se tornam um vício egoísta, uma obsessão doentia, então o "servidor" vira "amo e senhor" que escraviza.

O viciado alega que é livre, mas engana-se. Quando pratica os vícios ligados ao prazer físico, diz que faz o que quer, porque é livre, mas só faz o que não consegue deixar de fazer: já não tem mais o poder de "não querer"; tornou-se escravo (do crack, do álcool, da cocaína, do sexo obsessivo-compulsivo, etc.).

c) Transformar os meios em fins

Transformar um meio em fim é o máximo da desordem, que já percebemos nas considerações anteriores. E conhecida a frase de que "alguns, em vez de comer para viver, vivem para comer". O meio se transformou num fim. Da mesma forma, há os que transformaram o sexo sem amor e sem regra na finalidade da vida. É triste ler, num texto de certa escritora conhecida por seus escassos escrúpulos morais, que "viver é fazer sexo"... (Ela usa uma expressão menos delicada).

4. Temperança é grandeza humana

É claro que a temperança exige o domínio sobre os desejos egoístas e abusivos. Esse domínio é conquistado pelo amor ao bem, pela petição do auxílio divino, e pela imprescindível mortificação (com atos frequentes de autodomínio).

Quase tudo o que foi dito no capítulo 14 sobre luta e mortificação é aplicável aqui. Não vamos repeti-lo agora.

Mas sim vale a pena transcrever as seguintes palavras de São Josemaria Escrivá sobre a temperança:

"Temperança é espírito senhoril. Nem tudo o que experimentamos no corpo e na alma deve ser deixado à rédea solta [...]. Eu quero considerar os frutos da temperança, quero ver o homem verdadeiramente homem, livre das coisas que brilham, mas não têm valor.

"Esse homem sabe prescindir do que faz mal à sua alma e apercebe-se de que o sacrifício é apenas aparente, porque, ao viver assim — com sacrifício — livra-se de muitas escravidões e no íntimo do seu coração consegue saborear todo o amor de Deus.

"A vida recupera então os matizes que a intemperança esbate. Ficamos em condições de nos preocuparmos com os outros,

30. A TEMPERANÇA

de compartilhar com todos as coisas pessoais, de nos dedicarmos a tarefas grandes.

"A temperança cria a alma sóbria, modesta, compreensiva; confere-lhe um recato natural que é sempre atraente, porque se nota na conduta o império da inteligência.

"A temperança não supõe limitação, mas grandeza. Há muito maior privação na intemperança, porque o coração abdica de si mesmo para ir atrás do primeiro que lhe faça soar aos ouvidos o pobre ruído de uns chocalhos de lata" (*Amigos de Deus*, n. 84).

Questionário sobre a temperança

— No meio de uma sociedade consumista e hedonista, dominada pelo culto ao prazer, sei viver a moderação e o desprendimento próprios do espírito cristão?

— Pratico esforçadamente a virtude da temperança, sem me deixar dominar pelo desejo desordenado de prazer, de diversões, de compensações, etc.?

— Esforço-me por fazer habitualmente as mortificações, os pequenos sacrifícios que mais falta me fazem para vencer a tendência para a falta de temperança, para o abuso na comida e na bebida?

— Estou preso a caprichos pouco sensatos em matéria de gula? Sou dependente desses prazeres?

— Sei dizer *não* a esses caprichos, vencendo as falsas razões que me levam a justificar comportamentos que já são maus hábitos, verdadeiros vícios que me prejudicam física e moralmente?

— Tenho uma "lista" bem definida de detalhes de mortificação que preciso praticar para vencer a intemperança e ganhar autodomínio, como, por exemplo, comer um pouco mais do que menos gosto, e um pouco menos do que mais me agrada?

— Já meditei na verdade que encerram estas palavras do livro Caminho (n. 681): "No dia em que te levantares da mesa sem teres feito uma pequena mortificação, comeste como um pagão"?

— Deixo-me arrastar por colegas ou amigos ao abuso da bebida — sequências imoderadas de cervejas, por exemplo ou, o que é bem pior, à sugestão de "experimentar" qualquer tipo de droga?

Conclusões (Procure tirar as suas conclusões e anotá-las).

31. A MANSIDÃO

1. Uma paixão que precisa de autodomínio

Uma virtude que faz parte da temperança é a mansidão. Tem por objeto "moderar" a paixão da ira. Todos conhecemos por experiência a força tremenda da ira (a nossa e a dos outros), e por isso entendemos bem a necessidade de uma virtude que a modere, que a governe.

Como no capítulo anterior, é preciso frisar que "moderar" não significa suprimir nem eliminar. Quer dizer, então, que a ira pode ser boa? Sim, pode. E o que veremos daqui a pouco.

Mas, para começo de conversa, lembremos a doutrina sobre as paixões (sentimentos, emoções) que, como a ira, têm o lado espiritual e o lado somático (perturbação nervosa, taquicardia, subida de pressão, etc).

"Em si mesmas — lembra o *Catecismo* — as paixões não são boas nem más. Só recebem qualificação moral na medida em que dependem efetivamente da razão e da vontade" (n. 1767). Isto é, se são emoções conduzidas retamente pela razão e a vontade, são boas. Pelo contrário, se ofuscam a inteligência e encampam a vontade, arrastando-as para atitudes erradas, são más.

No mesmo *Catecismo* lemos que "as emoções e sentimentos podem ser assumidos em virtudes ou pervertidos em vícios" (n. 1774), dependendo de que — como acabamos de dizer — a razão e a vontade (fortalecidas pela fé e o amor) lhes segurem ou não as rédeas.

2. Existem iras com razão?

Sim. As vezes nos indignamos com toda a razão perante um ato cruel, uma injustiça, uma mentira deslavada, uma ofensa a Deus ou à sua Igreja, uma série de crimes impunes...

Essa indignação é boa. A indiferença diante desses males seria uma indecorosa falta de solidariedade com os injustiçados e de senso moral. Ouçamos dois grandes santos, citados por Santo Tomás:

— Um deles é São Gregório Magno, que diz: "A razão enfrenta o mal com grande combatividade, e a ira (a indignação) contribui para isso", e comenta Santo Tomás: "A capacidade de irar-se (de indignar-se) é a verdadeira força de resistência da alma" (*Suma Teológica*, 1,81,2).

— Cita também São João Crisóstomo: "Quem não se indigna, quando há motivo, peca". E acrescenta que a falta de indignação ante o mal "semeia vícios, alimenta a negligência e facilita que não só os maus, como também os bons, pratiquem o mal" (Ibid., 2-2, 158, 8).

Não podemos nem devemos ficar frios e resignados perante as ideias daninhas, os abusos e as mentiras, cada vez mais frequentes, como se fizessem parte da paisagem. Devemos reagir, tentar combatê-las com armas limpas e pacíficas, com elevação intelectual e moral, em privado ou através da mídia.

Mas, cuidado! Mesmo a ira boa pode se tornar má.

Quando? Quando não é apenas ira contra o mal, mas ódio contra a pessoa que fez ou propagou o mal. A falta de caridade estraga tudo. Se o ódio, a represália ou o espírito de vingança acendem a indignação, a ira boa corrompe-se, deixando de ser um bem. Com fórmula breve, Santo Agostinho dava a receita certa: "Detestar o erro, mas amar o que erra".

31. A MANSIDÃO

3. As nossas iras cotidianas

As iras cotidianas nós as conhecemos bem. "Explodi", "Não aguentei", "Esse vai me ouvir", "Espera que eu te apanhe"... Expressões frequentemente adicionadas de palavrões e injúrias. Essa nunca pode ser "ira boa". Precisa ser firmemente "moderada".

Santo Tomás, de acordo com Aristóteles, menciona três tipos de ira ruim (*Suma Teológica*, 2-2, 158, 5):

A ira "aguda". É a da pessoa que se irrita logo por qualquer motivo leve.

A ira "amarga". É a da pessoa que guarda a ira por muito tempo, e não a tira da memória. Chama-a ira encerrada nas vísceras ("*inter viscera clausa*").

A ira "difícil" ou vingativa. A dos que não param até darem o troco, se possível em dobro.

Santo Tomás não teoriza. Conhece o ser humano. E em alguma dessas classificações provavelmente nós nos reconheceremos.

4. Como combater a ira ruim?

Vivendo a virtude da mansidão, que não é a virtude dos fracos, mas dos fortes. Só uma alma forte, que está com Deus, pode controlar as rédeas desse cavalo indômito. Como?

a) Com a humildade

Jesus nos indica o caminho certo: *Aprendei de mim, que sou manso e humilde de coração, e encontrareis repouso para as vossas almas* (Mt 11,29). Já vimos que a humildade é o "húmus" fecundo de todas as virtudes.

Pode ter mansidão a pessoa amante do bem e da justiça que não olha para os outros com arrogância, que não os despreza, porque bem sabe que ela — se Deus não a amparar — pode cair nos mesmos ou piores erros. A Bíblia, no livro dos Provérbios, diz: *A ira não tem misericórdia* (Pr 27,4). A mansidão é inseparável da misericórdia.

Isso não significa que não se deva corrigir; mas sem precipitação, deixando a indignação esfriar, e seguindo os conselhos das almas experientes e santas: "Quando é preciso corrigir, deve-se atuar com clareza e amabilidade; sem excluir um sorriso nos lábios, se for oportuno". "Repreender?... Muitas vezes é necessário. Mas ensinando a corrigir o defeito. Nunca por um desabafo do teu mau caráter" (*Sulco*, nn. 823 e 822).

b) Lutando por praticar atos de autodomínio

Os atos de autodomínio não se fazem sem mortificação. Mais uma vez soa aos nossos ouvidos: "Onde não há mortificação, não há virtude" (*Caminho*, n. 180).

— A primeira mortificação é calar. "Não repreendas quando sintas a indignação pela falta cometida. — Espera pelo dia seguinte, ou mais tempo ainda" (Ibid., n. 10). É um pensamento já citado, mas que aqui vem a calhar.

— Depois, pedir a Deus, como aquele jovem empresário: "Jesus, que eu faça boa cara" (Ibid., n. 626).

— Sempre lutar para exercitar a mansidão esforçando-nos por fazer atos análogos aos que sugere *Caminho*: Dizer a palavra acertada (e não a palavra ardida sobre a ferida); ter um sorriso amável para quem incomoda; calar ante um mal-entendido sem transcendência; manter conversa afável com os maçantes e os inoportunos; não dar importância cada dia a um pormenor ou outro, aborrecido e impertinente, das pessoas que convivem conosco... (n. 173). E, no trânsito, não olhar para o rosto de quem fez barbeiragem e quase bateu no nosso carro (porque, sem ver a cara, é difícil ter raiva).

— Corrigir nossos maus hábitos pessoais de desabafo, reclamação, protesto, e evitar estrilar com comentários negativos.

31. A MANSIDÃO

— Por fim, nunca esqueçamos que "ter razão" não é motivo para irar-se com as pessoas nem para ficar com raiva delas. Procure gravar esta verdade: "Ninguém foi ao Céu por ter tido razão. Pelo contrário, por ter compreendido, perdoado, corrigido do modo certo e ter ajudado, muitos se salvaram".

Questionário sobre a mansidão

— Perco a calma com facilidade, caindo em reações desproporcionadas? Percebo que a ira é, com frequência, um reflexo das nossas próprias fraquezas, especialmente do nosso comodismo e da nossa falta de paciência?
— Tenho reações bruscas, de cólera? Compreendo que a ira é uma fraqueza própria de uma pessoa que não luta por dominar as suas paixões?
— Evito agredir os outros com comentários ferinos ou censuras ásperas?
— Vejo claramente que a origem de muitas irritações é com frequência a dificuldade em aceitar pequenas humilhações ou contradições?
— Dou-me conta de que perder as estribeiras é próprio de almas fracas, e, pelo contrário, viver a mansidão exige muita fortaleza?
— Procuro ser generoso e sacrificado com os outros, estando mais inclinado a calar e a rezar do que a repreender e criticar?
— Estou disposto a lutar para ganhar um profundo espírito de misericórdia, imitando a mansidão de Cristo?
Esforço-me por ser compreensivo com os defeitos e limitações dos outros, e, ao mesmo tempo, procuro ser forte para corrigi-los com paz e afeto, buscando — sem arrogância — ajudá-los a melhorar?
— Na vida em família, corrijo os filhos asperamente, só quando estou irritado, descuidando do diálogo sereno, paciente e per-

severante, que normalmente é o meio mais eficaz de corrigi-los e ajudá-los?

— Fico indiferente perante as injustiças, as mentiras, as injúrias contra Deus, os Santos, a Igreja, as pessoas e instituições honestas? Compreendo que a "santa indignação" é virtude própria do autêntico cristão?

— Tenho consciência de que a indignação não poderia ser santa se me levasse a ter ódio ou raiva das pessoas que agem mal, pois o cristão deve detestar e combater o erro, mas amar os que erram?

Conclusões (Procure tirar as suas conclusões e anotá-las).

32. O VALOR DA CASTIDADE

1. Uma dimensão importante da temperança

A virtude da castidade pode ser comparada àquele *tesouro escondido no campo* de que fala Jesus no Evangelho (Mt 13,44). Poucos conhecem ou reconhecem o seu valor. Essa "afirmação jubilosa" do verdadeiro amor cristão — como São Josemaria a chamava — fica encoberta por camadas negativas de erros e confusão, procedentes da atual visão materialista e hedonista da vida e do corpo humano.

Agora, mais do que polemizar com a cultura e os costumes hedonistas, vale a pena apresentar a visão cristã — humana e espiritual — dessa virtude, que é uma das faces mais belas da virtude da temperança (cf. Cap. 30). "A virtude da castidade — lemos no *Catecismo* — é comandada pela virtude cardeal da temperança, que tem em vista fazer depender da razão as paixões e os apetites da sensibilidade humana" (n. 2341).

"A castidade significa a integração correta da sexualidade na pessoa e, com isso, a unidade interior do homem em seu ser corporal e espiritual. A sexualidade, na qual se exprime a pertença do homem ao mundo corporal e biológico, torna-se pessoal e verdadeiramente *humana* quando é integrada na relação de pessoa para pessoa, na *doação mútua integral* e temporalmente ilimitada do homem e da mulher" (*Catecismo*, n. 2337).

2. Chamados ao verdadeiro amor

Uma das melhores exposições sobre a castidade é o documento do Conselho Pontifício para a Família, intitulado *Sexualidade humana: verdade e significado*, aprovado em 1995 por João Paulo II (que recomendo vivamente ler). A seguir reproduzo alguns parágrafos:

"O ser humano, enquanto imagem de Deus, é criado para amar. Criando-o à sua imagem, Deus inscreve na humanidade do homem e da mulher a vocação e, assim, a capacidade e a responsabilidade do amor e da comunhão. A pessoa é, portanto, capaz de um tipo de amor superior: não o amor de concupiscência, que vê só objetos com que satisfazer os próprios apetites, mas o amor de amizade e oblatividade, capaz de reconhecer e amar as pessoas por si mesmas.

"É um amor capaz de generosidade, à semelhança do amor de Deus; quer-se bem ao outro porque se reconhece que é digno de ser amado. E um amor que gera a comunhão entre as pessoas...

"Quando tal amor se realiza no matrimônio, o dom de si exprime, por intermédio do corpo, a complementaridade e a totalidade do dom; o amor conjugal torna-se, então, força que enriquece e faz crescer as pessoas e, ao mesmo tempo, contribui para alimentar a civilização do amor; quando, pelo contrário, falta o sentido e o significado do dom na sexualidade, acontece [como diz João Paulo II em texto antes citado] uma civilização das "coisas" e não das "pessoas"; uma civilização em que as pessoas se usam como se usam as coisas. No contexto da civilização do desfrute, a mulher pode tornar-se para o homem um objeto, os filhos um obstáculo para os pais.

"É, sem dúvida, um amor exigente. Mas nisto mesmo está a sua beleza: no fato de ser exigente, porque deste modo constrói o verdadeiro bem do homem e irradia-o também sobre os outros"

"Tudo isto exige o *autodomínio*, condição necessária para se ser capaz do dom de si. As crianças e os jovens devem ser encorajados a estimar e praticar o autocontrole e a renúncia, a viver de modo ordenado, a fazer sacrifícios pessoais, em espírito de amor de Deus, de auto respeito e de generosidade para com os outros, sem sufocar os sentimentos e as tendências, mas canalizando-os numa vida virtuosa".

3. O amor autêntico pede o dom de si

Na Última Ceia, Jesus falava aos apóstolos da grandeza do amor cristão, de que Ele próprio ia ser o máximo exemplo na Cruz: *Ninguém tem maior amor do que aquele que dá a sua vida pelos seus amigos* (Jo 15,13).

O amor matrimonial cristão tem como modelo precisamente a entrega de Cristo, como escreve São Paulo: *Maridos, amai as vossas mulheres, como Cristo também amou a Igreja e se entregou por ela [...]. Este mistério é grande — eu digo isso em referência a Cristo e à Igreja* (Ef 5,25-32).

Por isso, o documento citado comenta que os casados devem "estar conscientes de que no seu amor está presente o amor de Deus e, por isso, também a sua doação sexual deverá ser vivida no respeito de Deus e do Seu desígnio de amor, com fidelidade, honra e generosidade para com o cônjuge e para com a vida que pode surgir do seu gesto de amor. Só dessa maneira ela se pode tomar expressão da *caridade*".

O ponto mais alto do amor é a doação de Cristo na Cruz: *amou até o fim*, diz o evangelho de São João quando inicia o relato da Última Ceia e da Paixão (Jo 13,1). Cristo mostrou um caminho de imitação desse "cume", por amor a Deus, por amor do *Reino de Deus*, que o mundo materialista não consegue entender: a entrega total a serviço de Deus e do próximo no *celibato*.

Os apóstolos — com uma visão limitada, privada ainda da luz do Espírito Santo — comentaram certa vez que, se não se podia repudiar a mulher, era *melhor não casar-se*. A isso Jesus respondeu: *Nem todos compreendem isso, mas apenas aqueles a quem isso é dado.* Falava-lhes assim de uma vocação especial que Deus concede a alguns, e que lhes dá a graça para viver o celibato *por amor do Reino dos Céus. Quem puder compreender, compreenda* (cf. Mt 19,9-12).

Certamente, a muitos custa entender essa vocação. Como dizia São Bernardo, "a linguagem do amor, para aquele que não ama, é como uma língua estrangeira" (*In Cant.*, 69). O celibato é uma vocação que só pode entender quem descobriu mesmo o "tesouro escondido".

4. Como as asas das águias

Concluímos este capítulo com umas palavras de São Josemaria:
"Com o espírito de Deus, a castidade não se torna um peso aborrecido e humilhante. É uma "afirmação jubilosa": o querer, o domínio de si, o vencimento próprio, não é a carne que o dá nem procede do instinto; procede da vontade, sobretudo se está unida à Vontade do Senhor. Para sermos castos — e não somente continentes ou honestos —, temos que submeter as paixões à razão, mas por um motivo alto, *por um impulso de Amor.*

"Comparo esta virtude a umas asas que nos permitem propagar os preceitos, a doutrina de Deus, por todos os ambientes da terra, sem temor a ficarmos enlameados. As asas — mesmo as dessas aves majestosas que sobem mais alto que as nuvens — pesam, e muito. Mas se faltassem, não haveria voo. Gravai-o na vossa cabeça, decididos a não ceder se notais a mordida da tentação, que se insinua apresentando a pureza como uma carga insuportável. Ânimo! Para o alto! Até o sol, à caça do Amor" (*Amigos de Deus*, n. 177).

No próximo capítulo meditaremos sobre a luta prática para viver a virtude da castidade.

32. O VALOR DA CASTIDADE

Questionário sobre o valor da castidade

— Num ambiente em que o valor humano e cristão da castidade é ignorado pela maioria, que faço, como cristão, para conhecer essa virtude, as razões dessa virtude, as suas manifestações, os seus valores?

— Compreendo que a visão do sexo que tem um cristão que se sabe criado à imagem de Deus, é completamente diferente da que têm aqueles que concebem o ser humano apenas como um amontoado de material biológico sem sentido, surgido cegamente, não se sabe como, da "evolução"?

— Já li, procurando aprofundar, obras que exponham, com altura filosófica, antropológica e teológica, as razões profundas da castidade? Por que não começo por ler algumas das mais acessíveis, como as seguintes: Rafael Llano Cifuentes: *270 perguntas e respostas sobre sexo e amor,* Felipe Aquino: *O brilho da castidade* e *Vida sexual no casamento*; T. G. Morrow: *O namoro cristão?*

— Evito discutir questões relacionadas com a castidade, quando no ambiente não há pessoas capazes de levá-las a sério? Pelo contrário, com pessoas sinceramente interessadas, procuro ajudar e orientar para que adquiram formação?

— Peço a Deus que, além de me ajudar a viver a castidade, me conceda a graça de poder dar alguma contribuição ao que São Josemaria chamava a necessária "cruzada de virilidade e pureza", neste mundo asfixiado pela avalanche do erotismo?

— Acredito que, quando há o desejo sincero de viver essa virtude, como diz o *Catecismo*, "o Espírito Santo concede o dom de imitar a pureza de Cristo" (n. 2345)?

— No namoro, ou no casamento, tenho a preocupação positiva de que os dois vivamos muito unidos aos ideais de amor e castidade que Cristo nos ensinou, ajudando-nos mutuamente a viver esses ideais?

— [Para pais] Sinto a responsabilidade de me preparar bem para poder dar pouco a pouco aos meus filhos, já desde a infância, uma orientação sexual positiva — uma orientação para o amor —, que os torne fortes perante a desorientação que encontrarão no ambiente escolar e social?

— Participo e colaboro em iniciativas apostólicas cristãs — fiéis à Igreja — sobre orientação familiar, educação dos filhos, namoro, amor matrimonial, etc?

Conclusões (Procure tirar as suas conclusões e anotá-las).

33. "Conserva-te puro"

Entre os conselhos finais que São Paulo dá a Timóteo, na primeira carta que lhe escreveu, está o seguinte: *Conserva-te puro* — literalmente: "guarda-te casto a ti mesmo" — *te ipsum castum custodi* (1Tm 5,12). E, na segunda carta, exorta-o a se afastar dos homens *mais amigos dos prazeres do que de Deus* (cf. 2Tm 3,4-5).

Víamos no capítulo anterior que a virtude da castidade é um "tesouro". Por isso, é preciso *guardá-la* com vigilância, cuidado e delicadeza.

Como qualquer outra virtude humana, a castidade não surge sozinha (ver Cap. 13 a 15). Deve forjar-se como o ferro: com o fogo da graça de Deus e o martelar do esforço pessoal.

Vamos meditar a seguir sobre os meios para fortalecer a castidade e fazer com que, ao longo da vida, ela cresça cada vez mais.

1. A força da oração

A oração é um meio imprescindível para levar avante a vida cristã. Santo Afonso de Ligório a chamava "o grande meio de salvação" (título de um belo livro dele).

Poucos aprenderam esta verdade melhor que Santo Agostinho, que teve de lutar heroicamente contra os maus hábitos sensuais quando se aproximava da conversão, e que chegou, por experiência própria, à seguinte conclusão: "Ninguém é casto se Deus não lho concede". Devemos pedir, pois, essa virtude com fé, sem desanimar, por mais que demoremos a consegui-la. Com Deus chegaremos até onde nós, sozinhos, nunca teríamos chegado.

Dentro do conceito amplo de "oração" (talvez fosse melhor falar de "meios sobrenaturais"), devem-se colocar, em primeiríssimo lugar, dois Sacramentos: a confissão frequente e a comunhão. A confissão pronta e sincera, todas as vezes que precisarmos dela, é uma força poderosa, que só avaliamos quando a praticamos. E força maior ainda é a da comunhão frequente, recebida com as devidas disposições.

2. A valentia de "fugir"

Essa expressão está inspirada em São Josemaria Escrivá. Quando fala das tentações contra a castidade, diz: "Não tenhas a covardia de ser "valente"; foge!" (*Caminho*, n. 132).

"Bem sabes — explica em outro lugar — que a luta, se a manténs desde o princípio, já está vencida. Afasta-te imediatamente do perigo, logo que percebas as primeiras chispas da paixão, e mesmo antes" (*Amigos de Deus*, n. 182).

Esse conselho reflete a longa experiência dos santos, desde os começos do cristianismo. Todos os que assumiram a sério o amor de Deus, compreenderam o profundo significado das seguintes hipérboles pedagógicas de Cristo: *Se teu olho for para ti ocasião de pecado, arranca-o e lança-o fora... E se a tua mão for para ti origem de pecado, corta-a e joga-a fora* (Mt 5,29-30).

Essa "coragem de ser covarde", de cortar logo, de "fugir", devemos praticá-la com fortaleza sempre que percebamos que estamos em ocasião de queda; por exemplo, por ficar conversando em local isolado com uma pessoa que não nos convém; por permanecermos num ambiente promíscuo e sensual; por participar de festas ou espetáculos impregnados de erotismo; por estar começando a contemplar pornografia, etc. Nestes casos, é preciso cortar, "fugir", sem nos importarmos com o que "vão dizer". Isso exige, naturalmente, graça de Deus e caráter firme.

3. *"Onde não há mortificação, não há virtude"*

Ao longo destas páginas temos repetido muitas vezes estas palavras de São Josemaria. Aplicam-se também à castidade, como a qualquer outra virtude.

Mas, para cada virtude, as mortificações — as lutas — têm que ser "sob medida", ou seja, as adequadas para defendê-la e fortalecê-la. Vejamos agora algumas lutas mais fundamentais para o tema que nos ocupa.

a) A mortificação da curiosidade

Os "incentivos" externos da sensualidade desordenada entram em nós fundamentalmente pelos olhos (também pelos ouvidos), e se cozinham na imaginação.

No mundo atual, esses incentivos são constantes e agressivos. Por toda a parte há uma estimulação artificial da sensualidade, da fisiologia, da simples genitalidade animal, sem o menor contexto de grandeza e de Amor (pessoas mal vestidas pela rua, *outdoors*, jornais, revistas, televisão, cinema, e especialmente a Internet). E uma oferta contínua de sexo para consumo e prazer egoísta.

Quem estima a dignidade do corpo e do amor, evita mergulhar o olhar nessa nuvem de pornografia. Mortifica a curiosidade, quando aparece a tentação. Guarda os olhos porque quer guardar a alma. Diz "não", porque está decidido a dizer "sim" a um ideal de amor muito maior que o mero prazer carnal. São Gregório Magno (século VI) resumia essa atitude virtuosa dizendo: "Não é lícito olhar para o que não é lícito desejar" (*Moralia*, 21,2,4).

b) Mortificação da imaginação

Atribui-se a Santa Teresa de Ávila a famosa frase: "A imaginação é a louca da casa".

Quando não se evita a lembrança das quedas passadas, nem se domina a curiosidade, nem se foge rapidamente das ocasiões é muito fácil que a imaginação, juntamente com a memória, se incendeie com fantasias eróticas, que envolvem a pessoa e chegam a tomar-se num verdadeiro "transtorno obsessivo--compulsivo".

Por isso, faz parte da vigilância sadia conquistar o autodomínio da imaginação, evitando deixar-nos arrastar por ela como por uma enxurrada. Também neste ponto o "sim" à virtude, exige saber dizer muitas vezes um "não" enérgico aos devaneios sensuais.

c) Mortificação da gula

Já falamos dela ao tratar da temperança. O livro Caminho afirma que "A gula é a vanguarda da impureza" (n. 126).

O Abade Cassiano, no século V, escrevia no seu manual de espiritualidade intitulado *Collationes*: "O primeiro combate que devemos empreender é contra o espírito de gula, contra a concupiscência da excessiva comida e bebida... E preciso frisar que a abstinência corporal não tem outra razão de ser senão conduzir-nos à pureza do coração".

Os excessos na comida, e sobretudo na bebida, insensibilizam a alma, fazem com que a dimensão corporal abafe a espiritual. A idolatria do prazer material do homem, através dos excessos no comer e no beber puxa para a tirania do sexo.

4. A devoção a Maria

Finalmente, o grande meio para conquistar a virtude da castidade — depois dos Sacramentos — é a devoção filial e confiante à Mãe de Deus e nossa.

Guimarães Rosa põe na boca de Riobaldo, o protagonista de *Grande Sertão: Veredas*, as seguintes palavras sobre Nossa

33. "Conserva-te puro"

Senhora: "O perfume do nome da Virgem perdura muito: às vezes dá saldos para uma vida inteira".

Como ajuda invocar o nome de Maria! O que diz Riobaldo é uma verdade, que a experiência espiritual cristã confirma. Quando as tentações contra a castidade se tornam mais fortes e insistentes, invocar filialmente Maria é o melhor caminho para chegar à paz e à vitória. *Mãe puríssima, Mãe castíssima, rogai por mim!* Quantas vezes esta breve oração tem obtido a força e o sabor da vitória!

Questionário sobre a luta pela castidade

— Encaro a castidade que Deus nos pede como uma virtude pela qual vale a pena esforçar-se — com fortaleza e otimismo —, e procurar que cresça e ganhe cada vez mais delicadeza?

— Compreendo que dizer que "é quase impossível superar esse tipo de pecados", enquanto nos colocamos na boca do lobo e fazemos equilíbrios na corda bamba da tentação, é uma justificativa que não justifica nada?

— "Fujo" das ocasiões, ou brinco com fogo, dando razão ao provérbio que diz que "o homem é o único animal que tropeça duas vezes na mesma pedra", simplesmente porque não a evita?

— Será que me convenço a mim mesmo, quando digo que não acontece nada por assistir a filmes pornográficos na televisão, ou por vasculhar com curiosidade tudo quanto é material do mesmo tipo na Internet? Não noto que, com isso, o vírus da tentação fica ativo dentro de mim?

— Peço a Deus que me ajude a me livrar dos hábitos contrários à castidade, vícios que, quanto mais alimentados, mais podem descambar para formas deturpadas e até aberrantes de sexualidade?

— Faço "novelas" inconvenientes com a minha imaginação? Não luto para desligar esses "filmes" íntimos, rezando e desviando a imaginação para outras coisas positivas que não ofendam a Deus?

— Confesso-me com frequência — por exemplo, uma vez por mês — para fortalecer a minha alma (a inteligência e a vontade) com a graça desse Sacramento?

— Venço o "demônio mudo", que me impele a calar por vergonha, quando as faltas contra a castidade se repetem por muito tempo? Não percebo que a confissão frequente é uma arma poderosa para desarraigar esses maus hábitos antigos?

— Entendo que a castidade é uma virtude que valoriza o grande dom de Deus que é o sexo? Compreendo que o sexo foi dado ao ser humano — filho de Deus — como um modo de participar do Amor de Deus e do seu poder Criador?

— Vejo, por isso, que o sexo — santo, ardente e fecundo — vivido como Deus quer, no matrimônio, é um meio de crescer na união e no amor dos esposos, e de colaborar com o Criador na vinda de filhos de Deus, que receberão dEle uma alma imortal e um destino eterno?

— Agradeço a Deus que me faça compreender que a luta pela castidade não é repressão negativa, nem ódio ou desprezo pelo corpo, mas — pelo contrário — a maior valorização da dignidade do corpo, exercendo o sexo dentro do plano sábio e amoroso de Deus?

Conclusões (Procure tirar as suas conclusões e anotá-las).